有"戏"童年

幼儿园戏剧课程的架构与实施

温州市第一幼儿园 编　　　　姜 伟 主编

浙江工商大学出版社
ZHEJIANG GONGSHANG UNIVERSITY PRESS

·杭州·

图书在版编目(CIP)数据

有"戏"童年:幼儿园戏剧课程的架构与实施 / 温
州市第一幼儿园编;姜伟主编. —杭州:浙江工商大
学出版社,2023.7(2024.11重印)
　ISBN 978-7-5178-5528-6

　Ⅰ.①有… Ⅱ.①温… ②姜… Ⅲ.①戏剧教育—教
学研究—学前教育 Ⅳ.①G613.5

　中国国家版本馆 CIP 数据核字(2023)第110611号

有"戏"童年:幼儿园戏剧课程的架构与实施
YOU "XI" TONGNIAN: YOUERYUAN XIJU KECHENG DE JIAGOU YU SHISHI

温州市第一幼儿园 编 姜 伟 主编

责任编辑	唐　红
责任校对	韩新严
封面设计	朱嘉怡
责任印制	包建辉
出版发行	浙江工商大学出版社
	(杭州市教工路198号　邮政编码310012)
	(E-mail:zjgsupress@163.com)
	(网址:http://www.zjgsupress.com)
	电话:0571-88904980,88831806(传真)
排　　版	杭州朝曦图文设计有限公司
印　　刷	杭州高腾印务有限公司
开　　本	787mm×1092mm　1/16
印　　张	15.75
字　　数	296千
版 印 次	2023年7月第1版　2024年11月第2次印刷
书　　号	ISBN 978-7-5178-5528-6
定　　价	62.00元

 编委会

主　　编：姜　伟

编写人员：叶炜炜　徐　晓　王文静　詹奇绮

　　　　　林　丛　池佳映　李　敏　赵丽娜

　　　　　陈青青　叶若飞　李旷怡　孟依依

　　　　　陈思思

序一

童年邂逅"戏剧"，
见证孩子成长中的不一般

　　戏剧是一门综合性艺术，它能够很好地整合幼儿园五大领域，提升幼儿的合作、审美、认知、表达、创造及身心操控等各方面的综合能力，实现幼儿的全面发展。著名学者余秋雨曾说："一个孩子如果没有机会从小学习表演，将来很难成为有魅力的社会角色。"戏剧教育更是被欧盟国家一致认为是最好的素质教育教学手段。

　　当我收到姜伟园长送来的这本《有"戏"童年——幼儿园戏剧课程的架构与实施》书稿时，心中不免为之感动与欣喜。温州市第一幼儿园团队在姜伟园长的带领下，秉持"看见爱与自由、看见生长的力量"的课程改革理念，坚定儿童立场，致力于儿童戏剧教育，以本园儿童、教师、文化为原点，建构了凸显本园气质与内涵的"和戏"课程，为温州市园本课程的探索与实践提供了典范。

　　一是建构了以儿童发展为本的课程文化。幼儿园课程文化往往是深入教师与幼儿每天的学习和生活中的，对每个人都有着潜移默化的影响，它犹如一个"生态系统"，为身处其间的每个人提供适宜成长和发展的环境。

　　温州市第一幼儿园坚持"科研兴校、科研兴人"的办园方针，建构起了具备民主性、创新性和生长性的课程文化，持续推动幼儿的发展与教师的发展。早在1989年就开启了浙江省规划课题"幼儿早期阅读"的探索与实践的研究，并取得了不错的成绩，研究成果在教育部和省市级的科研类评比中脱颖而出，成为温州市幼儿园开展"早期阅读探索与实践"的首席基地。2006年，幼儿园尝试"儿童绘本阅读教学"的研究，初步形成了体现课程组织形式的雏形——"绘本纯阅读、绘本体验式阅读、绘本主题式教学",在边思边学边做边研的过程中,创新研制出园本教材《幸福的花田:儿童绘本阅读教案集》。2014年,有着敏锐教育视角的他们捕捉到了"戏剧"与"绘本"之间的美妙链接,将绘本阅读与戏剧教育进行了融合创新,迈向了"童绘戏剧"课程的新探索,梳理并提炼出戏剧教学"12345"模式,研究成果先后获得省、市"精品课程",幼儿园也成为温州市课程改革第一批样本园。2017年至今,团队跟随幼儿园课程改革大趋势,带着教育哲思再次提炼园本课程理念。温州市第一幼儿园以"和"为育人核心,根据儿童身心全面发展的需要,将儿童需求与兴趣作为研究的动力与方向,以戏剧教育为园本课程主体,统整幼儿园五大领域,形成了戏剧+游戏的课程体系,使孩子的童年与"戏剧"完美邂逅,在"和戏"课程文化中遇见更好的自己、看见更好的他人、阅见更美好的世界。

二是提供了基于儿童视角的教育支持。著名教育家李镇西将教育学意义上的"儿童视角"归纳为"用儿童的眼睛去观察,用儿童的耳朵去倾听,用儿童的大脑去思考,用儿童的兴趣去探寻,用儿童的情感去热爱……"。儿童的视角,是教育的根本,也是生成最适宜的教育支持的源泉。戏剧对于儿童成长来说,是一种不可或缺的学习路径。如何在"和戏"课程中落实儿童视角形成教育支持?温州市第一幼儿园的智慧团队以"儿童发展优先"为理念,通过"蹲下身、侧耳听、细推敲"等一系列体验式的智慧做法,形成了可借鉴、可学习、可深化的教育体系。

做法一:蹲下身,与孩童保持同一视线。"蹲下身,并非仅仅是肢体的下蹲,而是心灵的靠近,是将儿童视作与成人同样的人,是尊重、信任和平等。"与孩童保持同一视线,来发现、搜集、布置有"味"的戏剧环境,达成环境空间育人的目标。当我们走进温州市第一幼儿园时,就会感受到充满"戏剧味"的门厅、主题墙、活动区域、走廊、小舞台……这些都是教师紧随儿童步伐、用儿童视角来看待周围世界的体现,让儿童富有生长力量的学习过程被看见、被读懂、被支持。蹲下身,让幼儿园的每一处都成为"小戏迷"可看、可探、可析、可赏的有故事环境,让每一个"小戏迷"在丰富的戏剧环境中拟绘着未来人生。

做法二:侧耳听,与孩童保持同样好奇。侧耳听,用心聆听每一个孩子对事物的好奇、想象和不断探究的愿望;保持好奇心、爱心与童心,走进儿童的心灵,去真正发现和理解儿童,实现教育的本真。温州市第一幼儿园开发的戏剧游戏课程,让每一个孩子都有可能成为他们想象中的任何可能。孩子们在戏剧游戏里,也许会为自己变成一个会变魔法的萝卜而沾沾自喜;也许会为自己变成一条在大海里唱歌的小鱼而欢呼不已;也许会为自己变成一个全身长满零件的机器人而上下蹦跶……教师通过与幼儿对话、与绘本对话,倾听孩子想法,深度挖掘绘本中可利用的资源,从而"生长"出好玩的戏剧游戏,让幼儿真正成为游戏的主人。

做法三:细推敲,与孩童保持共享思维。温州市第一幼儿园的"和戏"课程将戏剧元素较好地融入幼儿园的生活、学习、游戏中,引导幼儿主动发起活动主题,师幼共同建构活动方案,积极利用园内、园外各方资源,幼儿、教师、家长全方位参与。在戏剧主题活动中,基于幼儿的兴趣和遇到的问题,通过"项目引入、项目探索、项目展示"三阶段项目化学习策略来关注幼儿在游戏过程中的经验投射和问题生成;在主题式戏剧活动中,依从幼儿戏剧经验整合与完善的进程,形成"多元体验、戏剧表达、戏剧创作"的戏剧组织形态三策略。细推敲、研琢磨,师幼共同建构、共同思考,让幼儿园的戏剧教育充满生活味、生长味、快乐味。

有"戏"童年,让每个幼儿装满回忆,照亮成长!

温州市学前教育指导中心主任　陈　苗

育人　育心　育童年

儿童在戏剧教育中,通过自己的表达、表演和创造来获得认知、思维、社会性、审美等方面的发展,这一课程形式鼓励儿童的主体体验,指向儿童的完整发展。温州市第一幼儿园在这条道路上摸索了十几年,从实践到理论,又从理论到实践,终于初步建构了园所"和戏"课程。

温州市第一幼儿园的课程是基础教育改革大背景下的一种园本化范式,形成了自己的特色并卓有成效,基于两个根本性原因:一是课程改革的传承性。该园十几年来围绕"绘本""故事""表演""戏剧"开展了戏剧课程的探索,历经三个阶段的课程研究,从未偏离,一直坚定。第一阶段,教师们主要以绘本为载体进行早期阅读方面的活动探索;第二阶段,进行绘本阅读与教育戏剧的融合创新;第三阶段,戏剧特色微课程向园本大课程转向。从幼儿园的课程建构历史,可以清晰地看到教师在每个阶段都是基于课程建设过程中的真问题而开展教学的,能够看到幼儿园园本课程不断深化的轨迹。二是办园思想正确,课程理念明确而适宜。"戏润童心•和美生长"的课程理念,继承了温州市第一幼儿园多年来的办园理念、园所文化,并依据人本主义理论而提出,从这一理念可以看出,幼儿园以儿童发展为本,以戏剧为载体,润物细无声地促进儿童全面自主地生长。

从课程方案来说,该园的园本课程,还有三点可贵之处:第一,课程引领教研,教研支撑课程。这里的教师是一群爱思考、善研究、业务专的可爱的人,在课程建构过程中承担了诸多相关课题,这些课题研究的开展又反过来不断促进课程的建构与完善。第

——幼儿园戏剧课程的架构与实施

二，课程目标完整。"和戏"课程容易被人误解为太偏重语言领域，而忽略儿童发展的其他方面。教师对应《3—6岁儿童学习与发展指南》的五大领域，认真梳理每一个主题中的目标，并以"省编教材"作为补充，以达到课程的全面均衡，指向儿童的全面发展。第三，课程实施非常扎实。课程方案不是静态的文本，而是动态的过程。多年来，温州市第一幼儿园经过不断地摸索，层层推进课程的实施，创造性地开发了主题编制步骤——"对应省编教材的逻辑序度—寻找共性目标—整合内容—预留空间"，明确了主题内容编制策略——"替换—留取—融合—生成"，这般扎实细化的课程实施，让教师有抓手，让课程在不断开展的过程中逐渐清晰、丰满、完善。

现在，温州市第一幼儿园这些年来在课程方面不断探索的成果，终于要和大家见面了，我真心为他们感到高兴！温州市第一幼儿园人在幼儿园课程方面的深耕精神是令人感动的，他们在课程方面的创新思维是令人敬佩的。衷心祝愿他们在今后园本课程的研究之路和教师专业发展之路上，不断深入，取得更大的成果。

温州大学学前教育系主任　李　娟

目　录

第一章

新启程：当戏剧走进幼儿园

有"戏"童年

小朋友的童年里藏着什么戏？

是我们一起快乐游戏吗？

是你爱绘本阅读，我爱表演创作吗？

还是我们兴趣不一样但都很能干？

儿童具有戏剧天性,戏剧是儿童把握外部世界、认识自我的主要途径之一。戏剧教育,刚好能带给儿童形象思维和抽象思维相结合的时空和领域,让儿童在更加自由、畅快的感悟中,进行创造性地学习。

戏剧是一门综合性艺术,具有多元教育的功能。它能够很好地整合幼儿园五大领域,实现儿童身心的整体性发展。本章基于幼儿园开展戏剧教育课程的意义,从温州市第一幼儿园自身发展基础出发,上承幼儿园"和美文化"建构的理念,下启幼儿园原有的童绘戏剧课程发展,运用戏剧综合、多元、创造性的特点,发挥戏剧的审美、娱乐、育人、交流等功能,以童本化、生活化、游戏化的方式推进课程实施,促进儿童灵性和美发展。

第一节
戏剧与幼儿园育人

一、戏剧,是儿童的天性

戏剧是人类社会生产活动中一种重要的行为方式,也是一种古老而神秘的艺术形式。戏剧模拟生活、表现生活,而儿童天生喜欢游戏、喜欢创造,他们的思维具有形象性、泛灵性的特点,由此儿童戏剧的发展有了极其丰富的土壤。可以说,儿童戏剧是最容易与儿童的精神世界相契合的综合性艺术,在对儿童进行教育方面具有其他艺术手段所无法替代的优势。

公元前4世纪,亚里士多德在《诗学》中表述了对戏剧本质的认识。他认为,一切艺术都是模仿,戏剧是对各种生物行动的模仿。而模仿、角色扮演正是儿童的天性。儿童在1岁半到2岁之间就出现了装扮动作,他们玩的"过家家""强盗和官兵"的游戏都是模仿游戏。儿童的模仿是自发的、快乐的、自由的,没有谁来教他们这么做。而且,儿童知道自己在扮演,他们也乐于扮演,这就是他们的戏剧。戏剧能够满足儿童的表达需要,戏剧性表达是儿童与世界、与自己对话的方式。儿童通过模仿学习成人,通过装扮和戏剧表演逐步了解世界、增加知识、体验生活、陶冶情操,同时也激发了自己的想象力和创造力。

戏剧,是儿童的天性,幼儿与戏剧的关系好似自然天成。

二、幼儿园戏剧教育课程内涵

当我们给幼儿园的戏剧教育课程注入品读、体验、创作、表达(表演)四个关键特征时,这样的戏剧课程就不单是以表演成果为目的的具有导向性的戏剧教育,而是在继承传统戏剧教育的基础上,融合幼儿园先进育人理念的课程再创新。

温州市第一幼儿园(以下简称"温一幼")戏剧课程,遵循儿童的戏剧天性,将戏剧作为儿童表达自我、认识和思考世界的一种艺术符号,围绕绘本阅读、生活体验、戏剧创作和戏剧表演四个层面的戏剧教育内容,逐步丰富儿童的戏剧经验,从而使儿童开放自主、会思考会交流、乐意创作表达。

三、戏剧,促进儿童的多元智能发展

近年来,从多元智能的发展角度来看,戏剧本身是一种综合性艺术,可以促进儿童在肢体、空间、音乐、语言、逻辑数学、自然观察等方面的发展,让儿童有机会探索并运用多元智能。

语言智能——语言表达是人际沟通最主要的形式,语言智能的发展对于儿童沟通能力的提高至关重要。在身体与心灵的对话中,儿童用表情、声音、言语表达着自我以及对周围世界的思考和认识,即一种戏剧的语言(符号)。在戏剧教育过程中,通过儿童戏剧的台词,向观众传递故事情节、发展线索及主人公的情感;通过剧本的编写、排练、演绎来丰富儿童的词汇量、语言表达技能以及不同情境中对语言、语气的把握,提高儿童的语言自信,让儿童敢于表达、乐于表达、善于表达。

逻辑智能——儿童戏剧的剧情发展具有时间性和逻辑性,儿童在参与剧情的表演过程中,根据剧本情节的发展感知剧情的逻辑性。同时,儿童准备戏剧服装、道具,了解使用的服装和道具的数量、次数以及表演时间,这些都能使儿童初步感知数学的作用,再用数学来尝试解决在戏剧表演当中出现的问题。这些儿童在戏剧学习中初步感知数学的经历,能够培养儿童正确的逻辑思维能力,开发儿童的逻辑数学智能。

空间智能——空间感强调人对色彩、线条、形状、形式、空间及它们之间关系的把握。通过剧场游戏中的雕塑定格、填充空间,让儿童用身体感受形象空间,用绘画体会抽象空间。儿童戏剧创作当中的资源以及空间布局能够锻炼儿童的空间智能能力。例如,教师与儿童一起创造专门的表演戏剧的空间或者在一个空环境里创造性地构建戏剧游戏场,"空"看似"无",其实意味着无穷无尽、丰富多样。变化多样的空间,开发并锻炼了儿童的空间智能。

音乐智能——在儿童戏剧教育活动中,音乐也起到了重要的作用,音乐是戏剧的配乐,是戏剧中表达情感的重要因素。儿童在戏剧配乐当中无意识地产生了对音调、节奏和音色的感知度和敏感度,受到了音乐的熏陶。同时根据剧情的起伏理解背景音乐所表达的情感,继而发展了音乐智能。

肢体运作智能——指人调节身体运动及巧妙地用双手改变物体的技能。在戏剧活动中,儿童能较好地控制自己的身体,对事件能够做出恰当的身体反应,以及善于利用身体语言来表达自己的思想。在儿童了解剧情的前提下,根据剧情所需进行自然的身

体动作,同时配合台词和歌词编排舞蹈动作,能使儿童通过肢体语言正确表达对戏剧含义的理解。

人际智能——指能够有效地理解他人以及与人交往的能力。通过戏剧教育的论坛剧场活动,儿童在体验中了解角色的处境、想法和感受,在角色扮演中敏锐地感知他人的情感动向与想法,提升与他人建立密切关系的能力。在戏剧教育中,"冲突"是最佳的教育形式,允许各种冲突的发生,就是尊重各种观点,让各种观点得以碰撞和交流;善于解决各种冲突,就是学会判断和选择,这极大地培养了人与人之间的协商与合作能力。因此,儿童在学习戏剧的过程中,能够大大地提高人际交往智能。

内省智能——指认识到自己的能力,正确把握自己的长处和短处,把握自己的情绪、意向、动机、欲望,对自己的生活有规划,能自律,会吸收他人的长处。在戏剧的角色扮演中,内省能帮助儿童发挥自己的优势,增强表现自我的勇气和信心,提高自我认识智能。例如在儿童戏剧表演中,平时性格温顺的儿童可以申请扮演聪明机智的小羊。儿童通过对自我的认知来进行角色的分配,既能锻炼儿童自我认知水平,又能根据儿童各自的特点来进行戏剧表演,有利于儿童的表演更加契合角色。

自然探索智能——指认识植物、动物和其他自然环境(如云和石头)的能力。在戏剧的教育情境里,儿童是一个学习体验者,是某个新经验中的特定角色,他站在角色的立场和角度进行体验、探究、思考,学会注意事物的异同,根据不同的标准对事物进行分类,觉察其相互之间的关系。例如扮演一棵树,儿童需要观察自然界中树的形态、树枝的样子,再进行模仿;扮演一只邋遢的小猫,则需要认真观察流浪小猫的形态、动作。而这一系列的模仿观察,都能丰富儿童的自然探索智能。

第二节
温一幼"和戏"园本课程的架构

戏润童心·和美生长

"和"，作为形容词，意味着心绪上的和乐、舒愉；作为动词，寓意连通、善达；作为介词，寓意"与"。"戏"即儿童喜欢的戏剧内容载体，又指游戏化的学习方式。温一幼的"和戏"课程以"和"为育人核心，照顾儿童身心全面发展的需要，兼顾整体性发展和个性化特征，以戏剧教育为课程主体，统整五大领域，渗透于幼儿一日生活，形成具有"戏剧味、游戏味、生活味"的课程体系，让儿童成为完整而鲜活的和美儿童。

一、课程背景与理论基础

（一）课程背景

"和戏"课程是在人本主义课程论指导下建构的课程。"和"，上承幼儿园的办园理念以及"和美"文化；"戏"，下启幼儿园原有的特色课程"童绘戏剧"。

1. 文化的承载与儿童发展愿景

文化是课程发展的土壤。"和"文化作为中华优秀传统文化的核心和精髓，在中国源远流长。幼儿园提出"做愉悦多元、和美发展的幼儿教育"的办园理念，赋予"和美文化"三层含义，即各美其美、平和成长；美人之美、和谐共赢；美美与共、融合大同，并提出和美儿童的发展愿景——"遇见更好的自己，看见更好的他人，阅见更好的世界"。遇见更好的自己，指向儿童的自我个体，即"我和自己"，鼓励儿童学会发现自我，悦纳自我，完善自我。看见更好的他人，指向儿童的社会关系，即"我和他人"，促进儿童适应环境，交流沟通，友好交往。阅见更好的世界，指向儿童的未来发展，即"我和自然（未来）"，让儿童学会学习，勇于探索，接纳多元。

2. 课程发展历程

自1989年开始，温一幼以语言教学为特色开展早期阅读实践；2006年，开启绘本阅读教学研究;2014年,以绘本为载体融入"戏剧"教学,开启戏剧文化的传承与深入发展。从绘本"阅读理解"走向"戏剧表达"的课程发展,温一幼形成了较完整的童绘戏剧课程体系。2017年12月,温一幼跟随课程改革趋势,尝试以"和"构筑园本课程,提出"和戏"课程。

表1-0-2-1　温一幼戏剧课程发展历程

研究时间	研究内容	研究成效
1989—2005年	早期阅读探索实践	以语言教学为特色,于1989年开启了"幼儿早期阅读"的探索与实践。课程开发期间,1项课题荣获浙江省二等奖、市级一等奖;1项课题荣获国家教育部"科学教育"研究成果二等奖
2006—2014年	绘本阅读特色教学	2006年,温一幼开始引进绘本阅读教学,以浙江省教学规划课题为抓手,期间经历了"绘本纯阅读、绘本体验式阅读、绘本主题式教学"三个发展阶段,并出版了园本教材《幸福的花田:儿童绘本阅读教案集》,同时两个绘本原创教学分别获省优质课一等奖
2015—2017年	童绘戏剧特色课程	借助教育戏剧多元价值元素,温一幼将绘本阅读与教育戏剧相结合进行创新,开始了童绘戏剧课程的新探索。探索期间,教师梳理出了戏剧教学"12345"模式,课程荣获温州市"精品课程"一等奖及浙江省"百个精品课程"称号,相关课题获省三等奖,温州第一幼儿园成为温州市课程改革第一批样本园
2017年—至今	"和戏"园本课程	2017年,温一幼跟随课程改革趋势,尝试将戏剧课程作为主体课程,架构"和戏"课程整体框架。期间通过课程的教学实践研究、师训培训研究、课程评价研究等进一步促进课程品质化的发展。2019年,课程相关课题研究分别获得市级课题3项一等奖、1项二等奖的科研成果,3项省规划课题立项并在深化、探索中

(二)课程理论基础

"和戏"课程源自教师对教育理论的学习与实践,源自国内外教育理论与思想的借鉴启发,源自温一幼园本化过程中的课程实践与反思改进,现从哲学思想和教育理论两个角度来探讨"和戏"课程的理论基础。

1. 中国"和"文化的哲学思想

中华优秀传统文化蕴含的天人合一的宇宙观,历来强调"天人合一""道法自然",致力于阐发"天人合一"的文化精神与价值理念。这种朴素、整体的哲学观为后世正确处理人与人、人与社会、人与自然等关系提供了认识论与方法论的指导。

"和"文化为幼儿园树立课程建设的价值信念和目标追求奠定了文化基础。"和戏"课程追求和美发展、和而不同,关注儿童在生活学习发展中的包容性、自主性、创造性。

2. 人本主义课程论

人本主义最著名的代表人物是马斯洛和罗杰斯。人本主义者提出与教育目标相一致的课程目标,即培养知、情、意、行相统一的"完整的人";强调以学生为主体,建立平等的师生关系;在课程内容方面,罗杰斯提出了"适切性"原则,课程内容不但要与学习者的经验建立起联系,以适应全体学生的需要,还要与每个学生的生活经验和社会状况相联系,适应每一个学生的需要。

3. 儿童戏剧教育理念

法国思想家卢梭提出戏剧教育的两个理念——"实践中学习"(learning by doing)和"在戏剧实践中学习"(learning by dramatic doing),他主张让孩子从生活和实践的切身体验中,认识周围的事物和现象,通过直接观察来扩展知识范围。

"和戏"课程不以戏剧表演技能发展为目的,主张运用多种戏剧元素,提倡儿童自然创作,让儿童在各类戏剧实践中,获取多种直接经验,体验成功的感受。

4. 加德纳多元智能理论

加德纳多元智能理论认为环境和教育对人的发展程度、发展方向有重要影响,承认智力及其表现形式的多样性,由此确定了以多元智能理论为基础的多彩光谱方案在课程和评估上对多样性的需求。

我们相信每位儿童都有自己的独特之处及优势领域。多元理论指引教师要正确看待儿童间的差异,善于发现不同幼儿的优势领域,促使儿童以优势发展推动劣势领域发展,最终实现全面发展。此外,"多彩"在课程中体现为戏剧内容的丰富性、戏剧形式的多样性、游戏伙伴的互动性、课程环境的开放性四个方面,让儿童在充分的体验、表达、创作中得到全面发展。

二、课程理念及目标

(一)课程基本理念——"戏润童心,和美生长"

"戏润童心"——指向课程的主体内容。指基于儿童的学习方式和年龄特点,以戏剧为主体活动,发挥戏剧的审美、娱乐、育人、交流等功能,以戏之美浸润童心,以戏之慧滋润童智,以戏之行丰润童真,促进儿童心智人格、学习能力及社会性品质的完整发展。

"和美生长"——既指课程实施手段,即儿童在一种愉悦民主的环境下,在各个领域的联通中,在与自我、自然和社会的完整体验中发展;又指课程取向,关注儿童学习与发展的整体性和个体差异性,关注并挖掘每一位孩子成长的独特价值,促进儿童与自己、与他人(社会)、与自然的和谐共处。

(二)课程目标

1.课程总目标

围绕《幼儿园教育指导纲要》和《3—6岁儿童发展指南》的要求,根据"和戏"课程的教育理念,温一幼提出了培养"阳光、有慧、和乐、尚美"的和美儿童课程的总目标。

图 1-0-2-1　温一幼"和戏"课程目标

三、课程结构框架

"和戏"课程遵照适切性原则,以经过园本化的省编教材《完整儿童活动课程》为共同性课程,以自主开发的特色课程童绘戏剧为个性化课程,两者有机结合,形成了家园共育合作下融学习、生活、游戏于一体的课程框架。

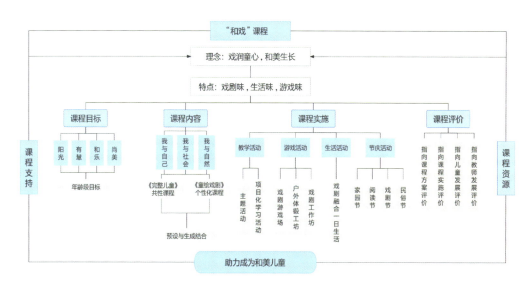

图 1-0-2-2　温一幼"和戏"课程框架

四、课程内容

(一)课程内容的来源

"和戏"课程是以戏剧教育为载体,以预设式主题活动、生成式项目化学习活动为组织方式,倡导儿童主动学习、自然创作的整合式课程。儿童作为课程实践的主体,教师要善于发现他们感兴趣的事物、游戏和生活事件中所隐含的教育价值,要基于教材编制的逻辑顺序,挖掘绘本素材的特色,并结合儿童经验、兴趣的发展定位,科学、适宜地确定课程内容,让儿童真正成为戏剧的主人。

1. 基于《完整儿童活动课程》省编教材内容

省编教材《完整儿童活动课程》的课程培养目标和教材逻辑与园本"和戏"课程吻合。根据"和戏"课程的理念与课程目标,对照《完整儿童活动课程》中的主题目标和核心价值,匹配与其教育价值趋同的绘本作为戏剧主题的载体,依照小、中、大班的不同阶段设计主题内容,实现课程之间的"果汁式"融合,促使"和戏"课程的内容设计更科学、更完整,从而实现培养"完整"儿童的育人目的。

2. 基于适宜戏剧创作的绘本素材

绘本蕴含丰富的教育价值、情节想象和创作空间。以绘本阅读为基点,从多元体验出发,将戏剧表达与戏剧创作视作一种教育戏剧组织形态。因此,挖掘绘本中蕴含的戏剧元素是生成戏剧主题的素材来源之一。基于儿童对各类绘本的喜爱程度,教师在关注儿童的自主阅读、亲子阅读、师幼互动式阅读的同时,应及时捕捉他们的兴趣点,并进行价值分析与判断,开发并生成符合儿童年龄特点的主题内容。

3. 基于幼儿生活经验与兴趣爱好

幼儿一日生活是幼儿园主题活动的载体,也体现了主题活动的进程。当主题内容为幼儿所熟悉时,幼儿会产生极大的兴趣和热情,会更主动地去探索、发现,尝试用多种多样的方式去解决问题。因此,我们从幼儿一日生活中的兴趣爱好出发,挖掘资源,筛选有价值的课程生长点,并借助项目化学习的方式,逐步将其蕴含的现象、问题、事件等进行探究,使幼儿获得新的、整体的、联系的经验。

(二)课程内容的编制

课程内容的编制采用四步骤、四策略同时进行,四步骤是主题序度三维对应、主题目标匹配留取、主题设计立体融合、主题实施预留生成,在此四个步骤中,主要采用四个编制策略,即对应、留取、融合、生成。

1. 第一步:主题序度三维对应

"和戏"课程借鉴《完整儿童活动课程》的教材编制序度,依据"儿童自我发展、儿童与自然、儿童与社会"三个维度分别选择相应的戏剧主题,并依据不同年龄段幼儿的特点,呈现出螺旋上升的主题编排结构,即同样维度的主题,依据小、中、大班幼儿的年龄,不断加深其主题内容。

2. 第二步:主题目标匹配留取

对照《完整儿童活动课程》中的主题目标和核心价值,将其与温一幼自主研发的个性化童绘戏剧主题活动进行匹配、留取。内容留取有两种方式:"点状"留取领域和"块状"留取主题。

"点状"留取:原教材小部分内容保留,大部分内容用童绘戏剧主题换取。

"块状"留取:原教材大部分内容保留,小部分内容用微型戏剧活动换取。

3. 第三步:主题设计立体融合

"和戏"课程的教育价值是综合性的,内容统整五大领域。课程主题内容设计注重面、线、点三方面的融合。

"面"的融合:指两大课程在融合过程中要兼顾五大领域内容的平衡性,实现"果汁式"的融合。

"线"的融合:指在主题活动推进过程中,教师要对内容安排的先后顺序进行科学合理的融合安排和有序推进,实现"适切式"的融合。

"点"的融合:指在具体教学课例上策略的融合,例如借助戏剧策略推进原有教材内容的开展,实现"无痕式"的融合。

4. 第四步:主题实施预留生成

在符合系统性原则的前提下,在内容和时间的安排上,适当留白,预留生成空间。教师在观察儿童的基础上,发现儿童的兴趣点和疑问点,从而设计延伸活动,设计生成性课程活动。

(三)课程内容的组织

"和戏"课程以儿童对自我的认知为起点,以儿童与自然、与社会的互动为出发点,确定课程内容。自我、自然、社会三方面既独立,又互相融合。通过年龄发展阶段的不同,纵横向外延展,促进儿童经验的不断建构与提升,实现完整和美发展。

图 1-0-2-3 温一幼和戏课程内容三维度融合

1. 我和自己

儿童从认识自我开始探索生命,在对身体的外形结构、不同时期身体的变化以及自己生命由来等方面了解的过程中感知、悦纳自己,知道保护自己,并能理解他人、善待生命。儿童的自我认知随着年龄增长而不断深入,由外在的变化向内在的自我意识发展,呈现螺旋式推进。在设计"我和自己"的板块内容时,会根据不同年龄段儿童的发展序度进行确定。例如小班幼儿聚焦手、眼睛等具象部位,关注最显性的身体部位;中班幼儿开始关注身体的变化,知道身体健康的重要性;大班幼儿开始探索身体器官功能,感受生命的延续。

2. 我和自然

儿童与自然之间的互动主要体现在认识自然、探索自然、敬畏自然三部分内容。"认识自然"主要是儿童本着对自然万物浓厚的兴趣,感受四季变化,认识周围动植物并感知其多样性,初步了解生活与自然的依存关系。"探索自然"是在与大自然接触的基础上,通过观察、体验、记录和比较等方式深入探索自然的奥秘,从中锻炼感知,获得思维的发展及能力的提升。同时为儿童提供感受生命成长与消逝的经验,让他们在亲身参与中了解人与自然和谐相处的重要性,进而热爱自然、尊重自然、敬畏自然。

3. 我和社会

作为教育对象的"人",不仅仅是生物学上的"自然人",更是生活在一定社会环境中的"社会人"。儿童可以从社会关系、社会文化和社会环境三方面探讨与他人、与社会的关系。儿童在认识他人的基础上学习尊重差异、关爱他人,从而提升与他人和谐相处的能力。儿童在了解自己生活的环境、自己的家乡、国家的传统节日等过程中认识和体会自己与社会的关系,知道生活中的各种社会规则,产生热爱家乡、热爱祖国的情感。

表1-0-2-2 "和戏"课程内容一览表

维 度		小 班		中 班		大 班	
		内 容	重点关注	内 容	重点关注	内 容	重点关注
我与自己	身体认知	《明亮的眼睛》	感官游乐园,了解身体部位和特征,调动感官,感知、理解世界	《汉堡男孩》★	了解食物的多样性,知道均衡饮食对自己成长的重要性,养成健康饮食的习惯	《我们身体里的洞》★	认识身体上的洞洞,探究发现身体洞洞的内在作用和秘密,学会自我保护
		《听到的声音》		《胖国王》★			
		《千变万化的手》★					
	自我意识	《我上幼儿园》	喜欢上幼儿园,知道自己喜欢的活动,自己能做的事情自己做	《我做哥哥姐姐了》	意识到自己的长处与优点,感受成长的变化,体验成长的快乐	《特别的我》	知道自己的独特的存在,学会欣赏和悦纳自己、尊重他人。尝试结伴进行角色表演
						《白羊村美容院》★	
				《鸡蛋哥哥》★		《走进小学》	了解和体验小学生的生活,为进入小学做准备并充满期待
我与自然	生命	动物	《你好小动物》	引发对小动物的探索,并愿意亲近、喜欢它们	《在农场里》	感知常见的家禽、动物的外形特征与生活习性,表达对动物的关心与爱护	《动物世界真奇妙》	了解动物的本领及与人类密切的关系,萌发保护动物的情感
			《换一换》★		《亲爱的动物园》★			
		植物	《落叶跳舞》★	感受秋天落叶的特征与秋日氛围	《绿野仙踪》	探索春天里各种树木,感受树木的生长变化	《一颗种子掉下来》★	探索种子的生长过程,感受生命的神奇与生活的美好
		四季	春	《找啊找,小兔子找春天》	感知四季明显特征与变化,乐意用自己喜欢的方式,表达对四季的感受,喜欢亲近大自然	《十四只老鼠去春游》★	感知四季常见动植物的变化,体验季节对动植物和人的影响	《妹妹的大南瓜》	感知并了解季节变化的周期更新,知道变化的顺序
			夏	《太想吃冰激淋》		《缤纷夏日》			
			秋	《秋天里》		《多彩的秋天》			
			冬	《冬天来了》		《我健康,我运动》		《冬天的秘密》	

续表

维度		小班		中班		大班	
		内容	重点关注	内容	重点关注	内容	重点关注
我与自然	物质	《玩一玩，探一探》	对图形的形状、色彩的融合和变化产生兴趣，激发他们的艺术创作欲望	《我是小小科探家》	探索磁贴、声音、光与影的基本特性，了解他们在生活中的运用	《神奇的大自然》	能用多种方式感知和探索风、水、泥土的特性，了解它们与我们生活的关系
我与社会	社会关系	《我家是动物园》★	感受家人的爱及表达爱	《小鬼显身手》	了解父母职业及身边平凡的劳动者，对职业与生活的关系进行联想与戏剧创作	《我想知道的》★	了解身边各个职业与生活的关系，萌发对劳动者的尊敬和向往之情
		《这是谁的》★	乐于亲近同伴，喜欢与同伴一起玩			《再见，幼儿园》	感受幼儿园集体生活，表达对幼儿园老师及同伴的相处和相知的留恋
	社会文化			《小年兽》★	运用戏剧的方式表达对春节的感受，形成文化归属感	《美丽的地球》	认识到保护环境的重要性，愿意用行动来保护地球
						《地球村》★	感受地球上人们不同的生活方式，用戏剧形式表达自己的所见所想所思
		传统节日：春节、元宵节、端午节、中秋节、重阳节等 家庭关系：母亲节、父亲节等 国际文化：植树节、五一劳动节、六一儿童节等					
	社会环境		感受家人的爱及表达爱	《我的家乡》★	认识家乡的风土人情，用戏剧的方式多元地表达自己的感受	《大中国》	知道祖国地大物博、民族众多，为我是中国人而感到自豪

说明：标注★处，是依据园区特有资源，融合戏剧教育元素后的课程园本化主题活动内容。

五、课程实施

课程采用多样化的途径开展,通过一日生活、教学活动、游戏活动、节庆活动等方式推进课程实施。基于温一幼课程基础和发展现状,进一步梳理"和戏"课程的实施途径、具体内容及活动安排。

表 1-0-2-3　"和戏"课程实施路径及安排

和戏课程实施路径和安排				
课程板块	实施路径	具体形式	内涵与功能	活动安排
"童绘戏剧"个性化课程	环境渗透	戏剧互动墙	通过环境的资源支持和教育渗透,有效促进幼儿发展	每季度更新
		戏剧体验角		每周一次
		绘本阅读馆		每周一次
	戏剧主题活动	戏剧主题教学	渗透整合五大领域,师幼共同建构戏剧活动,即从阅读导入开始,进行体验、表达、创作	每学期3—4个主题
	项目化学习戏剧活动	戏剧小组项目	在和戏课程开展过程中,教师提倡让孩子自己动手完成他们感兴趣的、和他们生活相关的项目,通过小组合作的形式推进项目的发展	一日生活随机生成
		戏剧个体项目		
	一日生活	戏剧游戏操	将戏剧教育以不同形式渗透幼儿园一日活动各个环节中,实现戏剧教育的魅力	一日生活融合渗透
		悦读阅美社		
		童话剧欣赏		
		餐前玩剧会		
		戏剧达人秀		
	游戏活动	戏剧游戏场	将游戏元素渗透到幼儿园一日活动中,形成自主游戏及运动空间	每天
		情境体锻坊		
		戏剧工作坊		
	节庆活动	戏剧节	让家长参与和戏课程的实施,并关注孩子在戏剧活动中的发展,促进家长间的教育对话交流和参与幼儿园特色课程的积极性	一月一次
		阅读节		一学期一次
		民俗节		传统节日
	家园联动	家长戏剧沙龙		一学期一次
		亲子戏剧游戏		一学年一次
《完整儿童活动课程》共同性课程	五大领域		主题探索,日常生活及运动游戏开展。包括五大领域教师预设和生成的主题活动,旨在支持、激发、促进和引导幼儿开展有效活动	每周1—2次

（一）教学活动实施——双样态架构

双样态，指的是"和戏"课程的活动组织的两种形态，其表现形式为主题活动和项目化学习活动。儿童的经验和兴趣决定了教学以何种方式进行。主题活动是以主题为线索，围绕主题设计的多样化活动，包含了健康、科学、语言、社会、艺术五大领域的教学活动。项目化学习活动则强调"问题意识"和"任务驱动"，针对问题或任务进行过程性探索，在真实情境中运用已有经验，进行深度探究学习。

1. 主题活动

主题式戏剧活动指的是围绕某一主题，依从儿童戏剧经验整合与提升的进程，师幼共同建构的一系列戏剧活动。即以绘本阅读为基点，从多元体验出发到戏剧表达（角色的体验与表达）与戏剧创作（戏剧冲突的创作和问题的解决），是一种教育戏剧组织形态。

图 1-0-2-4 "和戏"课程戏剧活动

2. 项目化学习戏剧活动

在戏剧主题活动中，基于儿童的兴趣和遇到的问题，将整个项目化学习过程分为"三大阶段"：项目引入、项目探索、项目展示。关注儿童在过程中的经验投射和问题生成，尊重个体兴趣和学习差异，体现儿童主动学习、积极创作的视角。

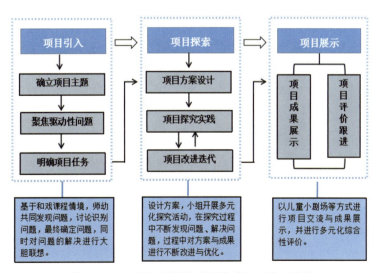

图 1-0-2-5 "和戏"课程项目化学习实施三阶段

（二）生活、节庆实施——渗透式融入

温一幼园本"和戏"课程将戏剧元素融入幼儿一日生活，从幼儿视角出发，探寻真正适宜幼儿的生活化活动。戏剧融入幼儿园生活，教师引导幼儿主动发起活动主题，师幼共同建构活动方案，积极利用园内、园外各方资源，鼓动幼儿、教师、家长全方位参与。戏剧融入幼儿园生活的活动有多种呈现方式，主要有每日玩剧汇、每月达人秀、每年戏剧节三种形式，以每天、每月、每年的时间轴线呈现出"生活中有戏，戏中有生活"的一日生活，让每一个孩子童年生活充满戏味。

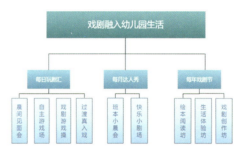

图 1-0-2-6　戏剧融入一日生活

（三）环境空间育人——多通道开展

作为幼儿园的重隐性课程，环境在幼儿的一日生活中发挥着潜移默化的教育作用。温一幼依据从户外走向室内，由大园戏剧所大环境到班级小环境的设计思路，创设出戏剧区域工作坊、戏剧游戏一条街、戏剧户外游戏场、剧味多样功能室，打造出富有戏剧特色的浸润式空间。

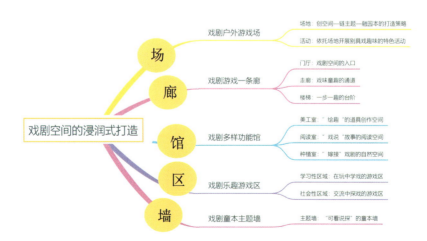

图 1-0-2-7　"和戏"环境的建构

六、课程评价

评价作为课程建设中的关键环节之一，是课程深化发展的助推器。温一幼"和戏"课程遵循立体、多元、真实的评价原则，将静态评价与动态评价相结合，凸显评价主体多元化、评价方式多样化，将评价贯穿于实施过程中，达到"以评促学、以评促教、以评促质"的成效。

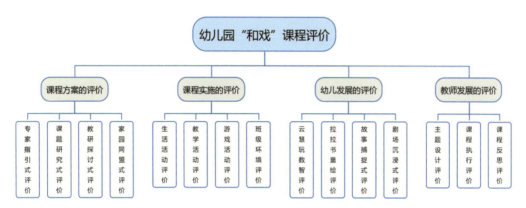

图 1-0-2-8 "和戏"课程评价构建图

第二章

新样态：在戏剧中体验、表达、创造

学习篇

一起来！我们是小主角

儿童具有戏剧天性。一个孩子拿起一根枝条，斜着举起，大声说着"我是一棵树"；下一秒，他就挥舞着枝条喊着"驾驾"，假装赶着马车跑开了……

儿童需要戏剧滋养。当我们把孩子请进戏剧的世界，无论是让他们欣赏一场演出，还是让他们出演某个角色，都是把他们带入一场对生活的模拟中。

儿童需要戏剧教育的激发。阅读文学作品、观看戏剧表演、参与戏剧活动为儿童提供了一种高于娱乐价值的替代经验，即在虚拟情境中解决问题的过程，同样可以提升儿童处理真实问题的能力。

因此，戏剧对于儿童的成长来说，是一种不可或缺的学习路径。

温一幼开发的戏剧活动，是园本"和戏"课程的重要组成部分。它主要应用在主题教学及项目化学习上，能自然而然地统整五大领域的核心经验。遵循儿童的戏剧天性，将戏剧作为他们表达自我、认识自我和思考世界的一种艺术符号，围绕绘本品读、戏剧体验、戏剧表达与创作的三个层面的教育活动，逐步丰富儿童的戏剧经验，促使儿童成为开放、合作、有创作力的全面发展的人。

 # 第一节
戏剧活动的形成

虞永平教授在论幼儿园课程中的主题时曾提到,作为教育内容的一种组织形式,主题一般在核心课程中采用,它具有多层次的综合功能,是以教育内容的整合为追求的。

戏剧主题作为戏剧育人的主要方式,在《3—6岁儿童学习与发展指南》和《幼儿园教育指导纲要(试行)》的指导下,根据顺从儿童的戏剧天性、遵循儿童创作戏剧的规律而采用。我们选择适合并且对儿童终身发展有益的关键学习经验作为主题内容,将教育戏剧融入主题活动中,贯穿于幼儿一日活动中的各个环节。通过绘本阅读、戏剧范式、戏剧游戏、戏剧工坊等多种形式,吸取戏剧多元的育人价值,让儿童感受戏剧的魅力、得到发展。

一、戏剧主题的来源

戏剧主题的来源是戏剧体验、表达与创作的源头、缘由和基础,为教师和幼儿提供了基本的素材。不同的主题来源决定了主题的不同性质,甚至决定了主题的综合功能的发挥。幼儿作为实践主题的主体,教师要善于发现幼儿感兴趣的事物、游戏,要善于挖掘生活事件中所隐含的教育价值,把握时机,积极引导,让幼儿真正成为戏剧的主人。我园戏剧主题源于以下三种。

(一)体现省编教材的教育价值需要

省编教材《完整儿童活动课程》是基于儿童发展需要与学习顺序,以各类适宜的教育活动为途径,以培养全面发展均衡的"完整"儿童为目标的课程体系。

温一幼"和戏"课程借鉴了《完整儿童活动课程》教材编辑顺序,对照《完整儿童活动课程》中的主题目标和核心价值,匹配与其教育价值趋同的绘本作为戏剧主题的载体,围绕"我与自己""我与自然""我与社会"三个维度,依照小、中、大班发展的不同阶段设计主题内容,实现课程之间的"果汁式"融合,促使"和戏"课程的内容设计更科学和完整,从而达成培养"完整"儿童的育人目的。

表2-1-1-1　三个维度匹配下的"和戏"课程主题一览表

年龄段	涉及维度	《完整儿童活动课程》 主题名称主题	"和戏"课程 主题名称
小班	我与自己	《感官乐园》	《眼镜公主的烦恼》 《千变万化的手》
	我与社会	《合家欢》	《这是谁的!》 《我家是动物园》
	我与自然	《顽皮一夏》	《太阳想吃冰激淋》 《汤姆去海滩》
中班	我与自己	《吃得香长得棒》	《汉堡男孩》
	我与社会	《我做哥哥姐姐了》	《鸡蛋哥哥》
	我与自然	《多彩的秋天》	《十四只老鼠去秋游》
大班	我与自己	《特别的我》	《白羊村美容院》
	我与社会	《走向小学》	《小阿力的大学校》 《我不怕上学了》
	我与自然	《神奇的大自然》	《风的旅行》 《一颗种子掉下来》 《小雨点》

(二)基于适宜戏剧表达的素材资源

　　温一幼的戏剧主题活动是以绘本为载体,根据绘本蕴含的教育价值,通过各种戏剧游戏及教学策略,从多元体验出发,达成各领域的教学任务。因此,挖掘绘本中蕴含的戏剧元素是生成戏剧主题的素材来源之一。基于儿童对各类绘本的兴趣爱好,我们在关注儿童的自主阅读、亲子阅读、师幼互动式阅读的同时,要及时捕捉他们的兴趣点,并进行价值分析与判断,开发并生成适合幼儿年龄特点的主题内容。如:大班戏剧活动"我是大力士"的教学设计就源自宫西达也创作的绘本《神奇糖果店》。故事讲述了小猪走进"神奇糖果店",试吃了各式各样的神奇糖果,有大力士糖果、可以隐身的糖果……不同糖果带

图2-1-1-1　大班戏剧活动"我是大力士"

来的神奇本领,使小猪有了一趟奇妙之旅。绘本的幽默与童趣,让阅读它的孩子爱不释手。于是,老师抓住孩子对探索神奇本领的兴趣,在绘本的阅读基础上,带领孩子通过生活体验感受小猪搬石头时"费力"和"轻松"的两种不同状态,从而尝试从动作、表情、速度、声音四个方面创作"轻"和"重"的动作。这种"无实物表演"的体验使幼儿感受到戏剧带来的快乐,萌发对戏剧表演的兴趣。

(三)源自幼儿一日生活的兴趣爱好

幼儿一日生活就是幼儿园主题活动进行的过程。当主题内容为儿童所熟悉时,儿童会产生极大的兴趣和热情,会更主动地去探索、发现,并尝试用多种多样的方式去解决问题。因此,我们从幼儿一日生活中的兴趣爱好出发,挖掘资源,筛选有价值的课程生长点,并借助项目化学习的方式,逐步对其中蕴含的现象、问题、事件等进行探究,使幼儿获得新的、整体的、联系的经验。如:项目化学习活动"我们给园长妈妈做礼服",就是根据大班孩子的兴趣开展的一次"身边职业大调查"的活动,在调查中孩子们跟园长妈妈建立了亲密的关系。在之后幼儿园迎接戏剧暖冬集市活动时,孩子们萌发了给园长妈妈亲手制作礼服的愿望,于是生发了一场探索"怎样制作一件适合园长妈妈的戏剧节礼服"的项目化活动。在项目实施过程中,大班的孩子摇身一变,分别成了"小小设计师""小小裁缝""小小模特",乐此不疲地穿梭于设计区、婚纱店、布料市场等。戏剧暖冬集市时,当园长妈妈穿上孩子们精心制作的礼服走秀的瞬间,他们的成就感与幸福感溢满心田。

图 2-1-1-2 为"园长妈妈"设计的戏剧节礼服

二、戏剧活动的开发

温一幼戏剧活动的开发在遵循儿童学习特点的基础上会经历三个步骤,包括主题前审议、戏剧活动实施、戏剧活动反思。

（一）主题前审议

在戏剧活动开发前期，教师借助主题前审议的四步策略对主题设计中的现象进行对话、协商，从而对主题的目标、内容、实施方法等做出判断、选择。

1. 审教材

戏剧活动以主题活动为依托，因此审教材需读懂教材和主题说明，在明晰教材逻辑的前提下提炼出核心价值。

审教材的第一步是厘清主题的价值取向。和戏课程的主题选自省编教材《完整儿童活动课程》。它以完整儿童观为基底架构，按照"我与自己""我与社会""我与自然"三个维度选择相应的主题，说明和分析各主题侧重的学习领域并提炼主题的核心价值。

审教材的第二步是分析主题的"序度行径"。和戏课程是依附《完整儿童活动课程》的编写逻辑构建的，因此，在设计具体教学活动前需要先分析清楚《完整儿童活动课程》中主题的教学行径序度。即根据教学一览表上活动安排的先后顺序，分析推进主题实施的各层次指向的教学内容。如：大班主题活动"我想知道……"分析教学一览表下的子主题"忙碌的医生"，第一层是了解医院和医生，第二层是体验医生的工作。

教学活动一览表						
	活动名称	重点领域	页码	幼儿园操作材料	挂图	多媒体材料
忙碌的医生	在医院里	社会	189	第三册 第12—15页	8	
	医院里的故事	艺术 社会	191	美工A或美术材料包⑥ 第三册 第12—15页		
	糊涂医生	语言	192	第三册 第16—21页	8	
	细菌现形记	科学	194	第三册 第22—23页		视频动画023
	运送伤员	健康	196			
	抢救伤员	科学 社会	198	第三册 第6—7页	10	
	忙碌的医院	艺术	200	第三册 第8—11页		音乐

序度行径

《忙碌的医生》
第一层次：了解医院和医生

《忙碌的医生》
第二层次：体验医生的工作

图 2-1-1-3　子主题"忙碌的医生"序度行径

厘清了主题的"序度行径",教师就能根据主题下各个层次指向的教学内容,设计相对应的活动。审教材的第三步是"绘本匹配",选择与主题内容相匹配的绘本。绘本匹配的原则:一是具有主题趋同的核心教育价值;二是具有充足统整的领域教学内容;三是适合戏剧教育的特殊教学形式。

2. 研儿童

戏剧活动的开发依赖儿童经验,需遵循儿童学习的特点。因此,研儿童就是与儿童对话,了解儿童是带着什么经验进入主题,以及在主题中能够发展哪些经验。

教师必须站在儿童视角来预设戏剧活动的发展,只有充分了解、分析儿童的经验基础和兴趣点,才能生发出适宜的活动内容,并激发他们深入学习的兴趣和动力。因此,研儿童首先需要分析幼儿的年龄特点,并通过表征记录、谈话分享、文件调查等多种前测调查形式来了解孩子已经有什么与喜欢学什么等,获取幼儿对于主题的前期经验。其次,关于主题的学习孩子需要补充些什么?这需要教师立足于班本,着眼于幼儿,放眼于未来,即基于幼儿现状链接《3—6岁儿童学习与发展指

图 2-1-1-4　儿童的表征记录"志愿者的工作?"

南》《五大领域核心经验》,在理论的指引下,从儿童学习与发展的视角分析主题还需给予儿童哪些成长的要素。

3. 链资源

戏剧活动设计需要各类资源的支持。链资源主要任务是梳理课程资源、优化主题内容,使之更具园本化色彩,进而架构主题的目标和实施路径。此外,资源是体现班本化的重要元素,必须具备直接感知、实际操作、亲身体验学习的价值。

表 2-1-1-2　"和戏"课程主题资源分析

显性资源	隐性资源
园内资源:充分利用幼儿园内环境、物资等,给幼儿的观察与体验活动提供丰富的资源	教师资源:教师对幼儿兴趣、经验的了解,对戏剧活动认识经验,掌握一定的戏剧教学策略等
园本资源:戏剧活动设计、戏剧资源包、戏剧教学策略等	幼儿经验:孩子对主题活动的认知,对主题探究的兴趣和动机

续表

显性资源	隐性资源
家长资源：家长提供一切有利于主题推进的资源，包括场地资源、技术资源、文化资源等	生活事件：主题活动进行时，发生的各类有助于主题推进、活动生发的事件，如各类幼儿园节庆活动等
社区资源：能满足课程建设的一切自然物质资源和人为的社会文化制度等	生活背景：包括生活方式、个人爱好、学习经历、周围的环境、社交关系等
自然资源：是指自然界天然存在、未经人类加工的资源，如气候、植物、动物等	本土文化资源：温州名胜古迹、传统节日、特色食品、曲艺、民间习俗、民间手作等

4. 融内容

戏剧活动内容的选择需要主题目标指引，因此，主题目标是整个戏剧活动构建的核心部分。基于以上三个部分审议，结合"和戏"课程理念与目标，构架出"和戏"课程的主题目标，同时围绕目标，结合班级儿童的兴趣取向，罗列主题行径的线索，根据课程推进策略——面、线、点来设置主题的内容。

面：面上的融合是指童绘戏剧课程与《完整儿童活动课程》的融合。"和戏"课程主题构建从《完整儿童活动课程》中选取了一些其他领域的活动，补充到"和戏"课程主题中，实现"和戏"课程主题领域均衡。

线：线上的融合是指主题教学一周预设活动的安排顺序。周计划表的安排将参考《完整儿童活动课程》和主题行径的序度。

点：点上的融合是指戏剧教学策略的融合，即将戏剧策略融入各个教学活动。

表2-1-1-3　温一幼"和戏"课程戏剧策略一览表

策略类型	策略名称	作　用
绘本阅读策略	配音讲述	1. 对绘本画面的理解能力 2. 语言的叙述与表达能力 3. 倾听他人的讲述能力
	故事甜甜圈	1. 想象力与叙述故事的能力 2. 语言与肢体的表达
	聊八卦	1. 想象力与叙述故事的能力 2. 对信号的倾听，规则意识的培养
肢体创编策略	定格画面	1. 展示关键动作 2. 同伴相互学习 3. 修正存在问题

续表

策略类型	策略名称	作　用
肢体创编策略	画面复制	1. 合作表现 2. 人体雕塑
	照镜子	学习他人的造型
	雕塑家	1. 摆出他人的造型 2. 表达自己的想法 3. 调整造型细节
	遥控器	1. 动作控制 2. 体验与表现不同日常经验的动作
	建构空间	动态肢体的运用与合作能力
角色表演策略	角色扮演	1. 消除紧张心理 2. 学习同伴经验 3. 提高参与度
	教师入戏	1. 营造戏剧氛围 2. 激发兴趣与参与欲望 3. 学习教师经验 4. 引导戏剧情节发展 5. 调动幼儿思考
	旁述默剧	1. 营造戏剧氛围,推进剧情 2. 肢体运用与同伴合作 3. 倾听与理解故事
	入戏会议	1. 解决戏剧冲突 2. 引发幼儿思考
	坐针毡	1. 探索戏剧角色的想法 2. 激发幼儿思考戏剧冲突的解决办法
其他类型策略	故事重构	1. 让儿童有机会在故事中探索和扩展他们的想法 2. 重新构想故事可以构建儿童的创造力、想象力和叙述技巧能力
	微型世界	引导孩子进入以儿童自主形式为主的戏剧化游戏中继续对故事进行探究
	轮廓图	1. 通过讨论,明确角色外表、服装、携带物品等典型特点 2. 通过绘画使形象呈现,便于幼儿记忆、模仿
	空物想象	1. 进入虚拟的戏剧情境 2. 想象角色 3. 想象情境
	讨论	1. 解决戏剧冲突 2. 引发幼儿思考

续表

策略类型	策略名称	作　用
其他类型策略	线索材料	1. 增加戏剧的张力和神秘感 2. 激发幼儿思考
	内心独白	表达自我情绪或情感
备注：更多戏剧策略，欢迎老师与孩子一起来创造！		

在主题内容的设置中，我们要更多地把各年龄段儿童的学习方式思考进去，规划好儿童经验增长的规律，预设一些留白和分支，来实现儿童的真实需求，这样才能更好地实现"让每一位孩子的童年生活更有戏"的课程愿景。

（二）戏剧活动实施

戏剧活动的实施主要以主题式戏剧活动、嵌入式微剧课堂、项目化戏剧活动等形式深入幼儿一日活动的各个环节，并追随幼儿的兴趣、经验生成，探索支持幼儿深度学习的策略和方法，开展各类与戏剧课程相关的品读、体验、表达与创作等活动。

1. 主题式戏剧活动

（1）概念界定

主题式戏剧活动指的是围绕某一主题，依从儿童戏剧经验整合与提升的进程，师幼共同建构的一系列戏剧活动。即以绘本阅读为基点，从多元体验出发，实现戏剧表达（角色的体验与表达）与戏剧创作（戏剧冲突的创作和问题的解决）的一种戏剧组织形态。

（2）活动来源

主题式戏剧活动源自我园自主研发的个性化课程"童绘戏剧"，是对照《完整儿童活动课程》中的主题目标和核心价值，对戏剧主题进行匹配、留取和调整。其中主题式戏剧活动保留了童绘戏剧主题中的大部分活动，并为了体现主题的领域均衡，选取了《完整儿童活动课程》主题中的教学活动融入该主题中进行补充。

如：主题"动物乐园"选自省编教材《完整儿童活动课程》中班上册，子主题一"在农场里"先从幼儿身边常见、熟悉的动物出发，教他们认识常见的家禽、家畜；然后借助绘本《小瓢虫听见了什么》，通过资料收集、探索体验、绘本阅读、戏剧表达等，进一步认识家禽、家畜，让幼儿感受动物与人类、环境的密切联系；子主题二"走进动物园"带领幼儿拓展和探索更广阔的野禽、野兽世界，进一步直观地感知各种动物的外形特征与生活习性，探索、感受动物与人类、环境的密切联系。我们将绘本《亲爱的动物园》与该主题价值进行匹配,让幼儿借助戏剧元素进一步直观地感知各种动物的外形特征与生活习性,并尝试阅读科普类动物绘本和观看动物视频等,进一步探索、发现并收集不同动物的有关信息。同时,幼儿可以用自己喜欢的方式表达对动物的关心与爱护,知道动物是人类的朋友,要爱护动物。对于童绘戏剧课程中未涵盖的学习领域,我们从《完整儿童活动课程》中"动物园乐园"这一主题内容中选取了个别领域的活动融入该主题中进行补充。

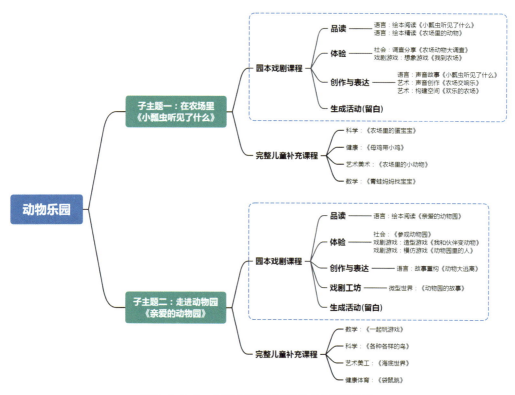

图2-1-1-5　中班主题活动"动物乐园"网络图

（3）活动形式

主题式戏剧活动实施路径是从绘本品读到多元体验,再到戏剧创作与表达。

①绘本品读活动

绘本阅读是戏剧课程的源起,我们称之为"品读",旨在仔细深入地读。教师通过"品"挖掘出绘本特质、教育价值、情感线索、戏剧元素等,为之后的戏剧活动做铺垫。而幼儿的品读分为通读和精读。通读就是读个大概,大致了解故事内容和主要人物。精读是在通读的基础上根据生成的需求与兴趣深入、细致地进行阅读,挖掘其中隐藏的线索。精读是为了让幼儿理解故事发展的脉络,了解人物性格与品质,感受绘本所传递的情感,领悟其中蕴含的教育价值。此外,"品读"并不局限于读绘本、读故事,还可以读他们视角中世界，如：中班主题"我的家乡"相匹配的绘本较少，于是，幼儿读的就是他们视角中的社区与家乡，幼儿的关注点在哪里，故事就在哪里。因此，绘本品读活动除了促进幼儿养成阅读的兴趣习惯、提升表达评判能力外，还帮助他们建立"大阅读"的思维。

图2-1-1-6 中班幼儿眼中的家乡百年老店"五味和"

②多元体验活动

多元体验活动是戏剧课程不可缺少的部分。多元途径的体验能够获得认知、丰富经验，只有幼儿累积了一定的经验与认知储备后，才能够迈出创作与表达的步伐，为大胆、自信地进行戏剧创作与表达做好准备。体验活动一般有生活体验活动和游戏体验活动等。如：小班主题"合家欢"是借助绘本《我家是动物园》开展的戏剧主题活动。为了让幼儿弄清绘本中人物形象与动物特质的关系，以便更好地塑造角色，我们设置了肢体造型游戏。如：科学活动"动物大调查"和幼儿一起认识绘本中涉及的几种动物的特征、生活习性等。社会活动"爸爸妈妈情绪晴雨表"、亲子活动"我来学做你"等帮助幼儿了解父母在家以外的生活状态与情绪变化等。此外，丰富的游戏体验能促进之后的戏剧表达与创作。像"全家福""我演你猜"等都是在借助观察模仿，了解角色的动作及形象特征等后进行的。

图2-1-1-7 幼儿肢体造型游戏"五匹马"

③戏剧创作与表达活动

戏剧的创作与表达是主题式戏剧活动实践的重要途径,是幼儿在教师的引导与支持下自然、自主、即兴的表达与表现。

戏剧表达活动以塑造角色为主,鼓励幼儿对角色的典型动作、语言、声音进行充分的探索与表现。如:肢体创编活动"千奇百怪的树"就是个人或同伴合作用肢体表现树的不同姿态和造型,幼儿在戏剧游戏情境中体验合作与表达的乐趣。

戏剧创作则在戏剧表达的基础上,教师通过新增角色、设计冲突来引导幼儿创作戏剧情节等。如:角色扮演活动"大毛熊交朋友"就是在了解故事情节的基础上,通过师幼共同扮演角色以推

图 2-1-1-8 肢体创编
活动"千奇百怪的树"

动戏剧情节发展,对故事进行不同的理解与演绎。

在活动中,孩子呈现的戏剧创作可能并不完美,也不高大上,但这一切来源于他们自己,是充满幼儿思考的作品。在自由的戏剧表达空间中,幼儿的语言表达、肢体操控、情绪管理、自我肯定等得到了发展。

图 2-1-1-9 角色扮演活动
"大毛熊交朋友"

2. 嵌入式微剧课堂

(1)概念界定

嵌入式微剧课堂具体指在各领域学习中,教师运用戏剧游戏及戏剧策略作为教学的工具或媒介,带领幼儿围绕特定主题,经由肢体、声音、语言等身体资源共同创作戏剧的角色、情节和情境,并在创作过程中反映自身独特经历,发展想象力、创造力以及解决问题能力的一种教育戏剧的组织形式。

(2)活动来源

嵌入式微剧课堂源自我园统编教材园本化的需要,是对《完整儿童活动课程》主题中的部分教学活动进行园本化重构,利用孩子感兴趣的本地区、本园区、本班级的资源和戏剧教学策略对《完整儿童活动课程》中的主题进行优化和重塑,做到让它更适合本园的孩子。

如:在解析中班主题"我的家乡"时,我们了解到该主题的第一个子主题"我家周围"

指向帮助孩子逐步认知自己家周围的环境感受社区的文化。在确定这个主题核心价值后，我们进一步对主题中的教学内容进行审议，以便选择与之相匹配的绘本。寻找后发现，目前市面上还没有一本绘本能覆盖该子主题的内容，只找到了一本与邻里相处交往有关的绘本《公鸡的新邻居》。针对这样的情况，我们利用园本课程资源、融合戏剧教学策略生成个别戏剧活动嵌入到该主题中，借助戏剧满足幼儿多元发展的需求。

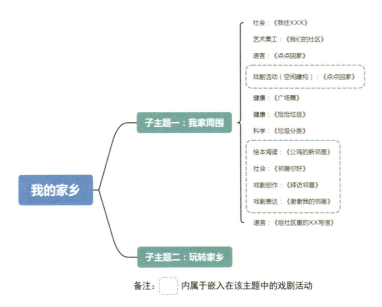

图2-1-1-10 中班"我的家乡"子主题"我家周围"网络图

（3）活动形式

嵌入式微剧课堂主要有四种形式：戏剧融入环节、戏剧重构活动、戏剧延展课时、戏剧新增课例。

①戏剧融入环节

戏剧融入环节，指的是对《完整儿童活动课程》主题中的教学活动的个别环节，融入戏剧游戏或戏剧策略。如在小班主题"秋天里"中的语言活动"把秋天带回家"的园本化设计中，教师将活动的导入环节由原来的谈话活动替换成戏剧游戏"风与落叶"，教师扮演"秋风姐姐"，孩子扮演"落叶宝宝"，用肢体的控制与变化调动幼儿的已有经验感知大自然的变化。戏剧游戏作为活动导入环节能引发幼儿的活动动机，激发幼儿对主题的思考与表现。

②戏剧重构活动

戏剧重构活动指的是利用《完整儿童活动课程》主题下教学活动中的素材，如故事文本、音乐素材、学科知识等，结合戏剧策略和戏剧游戏将教案进行重新构建，生成新的

戏剧活动或教学活动。如：中班戏剧活动
"猴子学样"就是利用中班主题"动物乐园"
中的故事"猴子学样"。教师在园本重构
中，提炼故事中的情节、人物、动作等戏剧
元素，生成一节新的戏剧互动课。其中，融
入适宜的戏剧策略"角色扮演"——全班幼
儿共演"猴子"，这样孩子能感知猴子的特
征。同时还融入了戏剧模仿游戏"照镜
子"，借助身体对人物的动作、表情等进行

图2-1-1-11　戏剧活动"猴子学样"

在线复制。这不仅可以提高幼儿的观察能力，更能提高其戏剧表达能力。

③戏剧延展课时

戏剧延展课时的素材来自《完整儿童活动课程》的主题，是在原来活动内容的基础
上，根据幼儿的兴趣与需求生成的第二课时戏剧活动。如：由中班主题"我的家乡"的子
主题"我家周围"生成的戏剧活动"点点回家(二)"。第一课时语言活动教学目标是能用
语言表达对故事理解，知道要熟悉家周围的环境才不会迷路。因此，在阅读故事的基础
上，用戏剧表达的方式，进一步让幼儿理解"点点回家"中方向改变时，家周围事物的顺
序和外部特征会发生变化。在戏剧活动中我们尝试利用空间构建及绘制地图等戏剧策
略，让幼儿深入探索故事情境，萌发对家周围环境的探究兴趣。

④戏剧新增课例

戏剧新增课例是指根据《完整儿童活动课程》主题的核心价值和育人目标，结合幼
儿的已有经验及他们在主题行进中生发的兴趣点，而生成的以儿童视角为主导的戏剧
活动。如：大班戏剧活动"再见，电视机"源自大班主题"走向小学"。在幼小衔接主题的
实施中，教师通过收集、分析幼儿已有经验
发现，当下大部分孩子非常迷恋电子产品，
以至于很多空余的时间被占用，这非常不
利用幼儿的学习与发展。大班幼儿马上就
要进入小学了，帮助幼儿认识到电子产品
的危害，学习合理规划自己的作息时间是
幼小衔接重要的议题之一。于是，顺应幼
儿的发展需求，教师在该主题下，就新增了
与主流价值观相吻合的戏剧活动"再见，电
视机"。

图2-1-1-12　戏剧活动"再见，电视机"

3. 项目化戏剧活动

（1）戏剧活动项目化学习界定

戏剧活动项目化学习指项目化学习与教育戏剧相融合的一种情境化学习方式。教师以幼儿一日生活中的某一情境切入，用驱动性问题聚焦关键的核心知识和技能，在解决问题的过程中进行戏剧与学科、戏剧与生活、戏剧与人际的联系与拓展，带动幼儿在真实的环境中展开高阶学习，用具有戏剧味的项目成果呈现幼儿对核心知识的理解、掌握，以及创造性运用。

（2）戏剧活动项目化学习来源

①嵌主题：主题中的项目化学习

在"和戏"课程的实施过程中，温一幼一月一主题，以品读、体验、表达、创作四个模块开展教学活动。实践中，温一幼助推儿童在戏剧主题中基于这四个模块不断生发项目化学习，开展对戏剧主题课程的深度探究。

表2-1-1-4　"和戏"课程主题项目化学习内容架构

主题推进四模块	项目化学习内容	儿童可能生成的项目
品读	绘本阅读项目	绘本深度阅读、绘本自制、剧本等
体验	生活体验项目	戏剧场探秘、观看戏剧表演等
表达	戏剧表达项目	舞台表演、表演宣传等
创作	戏剧创作项目	戏剧道具创作、情节创作等

②融节庆：节庆下的项目化学习

节庆活动是幼儿园活动的主阵地，分布于各个时间段，具有开放性、娱乐性的特点。在丰富多样的节庆活动中，温一幼遵循童本理念，探索以"学"为径，以"戏"欢庆的项目活动。

温一幼的节庆活动主要有三类。特色园本节庆指体现温一幼及课程文化特征的阅读节、戏剧节；中国传统节庆指以理解与传承中国文化为主旨的庆祝活动；童本游乐节庆指基于特定的时代背景与热点，或是基于某个针对幼儿的情境下生成而展开的游乐节庆活动。

图 2-1-1-13 "节庆背景下"戏剧主题内容一览表

③链生活:一日生活中的项目化学习

除了主题与节庆的创生项目化学习之外,基于幼儿实际生活中的兴趣、问题发现与探究,也是形成"和戏"课程项目化学习活动的背景之一。

图 2-1-1-14 "一日生活"中的项目化学习内容

(三)戏剧活动反思

戏剧活动反思是指教师对实施过的戏剧活动的目标达成、师幼互动、儿童发展以及活动延伸做进一步思考、优化的过程。教师都是独一无二的个体,他们对于戏剧活动的理解和运作都有自己独特的方式。教师可以从幼儿及自身不同角度进行反思,可以对教学中的困惑或问题进行思考,也可以对不同戏剧教学策略进行反思。温一幼主要以年级段为单位,以"跟进式备课"的模式来反思、优化活动。

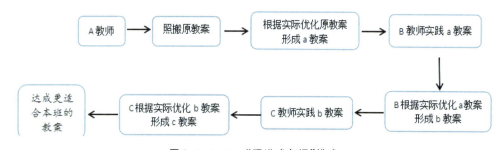

图 2-1-1-15 "跟进式备课"模式

反思是一种回顾及思考,最终目的是顺应儿童的需求和经验增长,根据活动内容进行调整,生成下一个活动。

第二节
戏剧活动的课例

一、主题式戏剧活动

主题式戏剧活动指的是围绕某一主题、依从儿童戏剧经验整合与提升、师幼共同建构的一系列戏剧活动，即以绘本阅读为基点，从多元体验出发到戏剧表达（角色的体验与表达）与戏剧创作（戏剧冲突的创作和问题的解决）的一种教育戏剧组织形态。

童绘戏剧课程主题课例是温一幼自主研发的个性化活动课程。童绘戏剧是遵循"以儿童为本"的教育理念，以"爱阅读、喜创作、善合作、乐表达"为目标，以经典的、儿童喜闻乐见的绘本为载体，以儿童的"自然创作"为主要方式开展的戏剧主题活动。它以"品读、体验、创作、表达"四大策略为支撑，激发儿童对戏剧表达的兴趣和创作热情，促进儿童综合素质的提升和发展。

图 2-1-2-1　台词创编

图 2-1-2-2 课程拉拉书

图 2-1-2-3 舞台上的表演

小班主题"合家欢"子主题"朋友亲"

【绘本介绍】

　　绘本《这是谁的?》讲述了大毛熊与小兔子交朋友的故事。绘本中的角色、情节就仿佛来自孩子，或是他们真实的交往情景，给孩子们在阅读过程中带来情感上的共鸣。

【教育价值】

　　绘本中蕴含的教育价值是小班下学期幼儿成长所需要的——社会性发展中关于分享的教育。

　　小班下学期，幼儿的社会性行为、技能已经从以自我为中心慢慢地开始转变，分享行为会在教师的启发下产生。所以教师可以借助这本绘本，抓住适当的教育契机，和幼儿一起思考、一起讨论，让他们通过绘本阅读、戏剧表演去察觉、感受并体会"为什么要分享呢"，从而领略分享的真谛。

【戏剧特质】

　　绘本中故事发生的场景具有浓浓的童趣，构图丰富、色彩饱满、鲜艳明亮，营造出了缤纷的童话氛围，符合孩子的审美，为他们所喜爱。

　　大毛熊的形象源于孩子，便于他们对角色进行揣摩与表达。此外，绘本故事情节比较单一，孩子有熟悉感，其中因大毛熊不会交朋友而产生的戏剧冲突，适合孩子借助戏剧多元的创作与表达方式去解决问题。

品读——绘本通读《这是谁的?》

活动目标:

1. 通读绘本,引导孩子理解绘本情节及内容,了解大毛熊失去朋友的原因。

2. 感受阅读的美妙,懂得与同伴交往时要和睦相处,了解尊重与分享的重要性。

活动准备:绘本PPT。

活动过程:

一、出示两幅画,通过对比画面的变化,引起孩子阅读兴趣

1. 出示前环衬并提问。

师:这是什么地方呢?(树林/森林)你是怎么知道的? 除了很多树,你还发现了谁? 他们都藏在哪里? 他们为什么要躲到大树后面呢? 动物们可能遇到了什么?

小结:你们认为小动物们是遇到了可怕的人或者事物,才害怕地躲起来了,那他们究竟遇到了谁呢?

2. 出示扉页引导孩子观察并想象。

师:他们到底遇到了谁?(出示扉页)

师:这是谁呢? 他是长什么样的?

小结:这是一只很大很大的大毛熊,小动物们只要看到这只大毛熊就会躲起来。

3. 出示后环衬(小兔子开心地在树林里玩耍)。

师:这是什么地方呢? 树林里有谁?(兔子)你们觉得兔子害怕大毛熊吗? 为什么不怕? 你们从哪里看出来? 追问:兔子们在干什么呢?

4. 前后环衬同时出现。

师:奇怪了,树林里的小动物不是特别害怕大毛熊吗? 可是到了后面森林里的兔子却一点也不怕大毛熊了,这是怎么回事呢? 中间发生了什么故事呢? 让我们一起来看看这本有趣的绘本《这是谁的?》。

二、阅读第一幕《这是我的》(P1—P6),了解大毛熊霸道的行为

(一)师讲述绘本文本P1—P6

1. 师:大毛熊最爱说哪句话? 他觉得什么东西是他的?

小结:真是一只霸道的大毛熊,觉得什么东西都是他的。

2. 师:大毛熊有几只? 动物有多少只呢?(手口一致点数)大毛熊多还是动物多?

小结:森林里有许多动物,大毛熊只有一只,动物多大毛熊少,可是一只大毛熊却需要这么多东西!

（二）阅读第二幕《这还是我的》（P7-P18）

1. 师：大家都不喜欢这只霸道的大毛熊，整个森林里只剩下小兔子，他们跑回洞里，躲了起来……（阅读至P18）

2. 师：大毛熊最爱说哪句话？他觉得什么东西是他的？追问：他们在干什么？（游泳、捉迷藏等）

3. 师：大毛熊只有一只却需要这么多胡萝卜，还要霸占城堡、小河和兔子的地洞。（这些画面可以引导幼儿去观察）兔子喜欢他吗？兔子都怎么了？

小结：大毛熊做的这些行为使森林里所有的小动物们都离得它远远的，森林里终于只剩下大毛熊。

（三）阅读第三幕《这是我们的》

1. 师：（出示大毛熊孤零零图）你们觉得这时候的大毛熊怎么样？开心吗？

师：是呀，大毛熊发现自己一点儿也不开心，他觉得很孤单，他看了看整个森林，小声地说："这是我的！"

2. 师讲述绘本从"有一天，小兔子趁着大毛熊睡着……"（阅读至最后一页）

师：猜猜看，大毛熊会对小兔子说什么呢？

三、完整阅读绘本，体验分享的快乐

师：你觉得现在的大毛熊开心吗？你从哪里看出来的？他为什么会变得开心了呢？那你们喜欢现在的大毛熊吗？为什么？

小结：是的，以前的大毛熊觉得什么都是自己的，不会分享，所以失去了很多朋友。后来，他发现了自己的问题并改正了缺点，现在的他懂得了分享，最终获得了朋友们的尊重。这本绘本的名字叫《这是谁的？》，等会儿老师会将这本绘本放到我们的阅读区，有兴趣的小朋友可以继续看一看哦！

 品读——绘本精读《大毛熊的转变》

活动目标：

1. 精读绘本，在观察绘本细节的基础上，感知大毛熊自以为是的霸道行为、失去朋友的失落情绪，以及小兔子分工合作、和谐相处的快乐。

2. 在与同伴交往时懂得分享、友爱、和睦相处，在和同伴发生冲突时学会寻求解决的办法。

活动准备：绘本PPT。

活动过程:

一、出示大毛熊的图片,回忆绘本中的大毛熊

师:孩子们,你们还记得他是谁吗?(大毛熊)

师:你觉得他是一只怎样的大毛熊? 最喜欢说什么? 你能学学看吗?

师:真是一只霸道的大毛熊。你们喜欢这样霸道的大毛熊吗?

师:跟你们一样,小动物们也不喜欢。小动物都远离了大毛熊,大毛熊还开心吗? 他怎么了?

二、精读阅读画面,了解大毛熊的行为与心理变化

(一)精读"大毛熊与小兔子"——悄悄靠近的大毛熊

1. 感受小兔子们的分工合作、和谐相处。

师:孩子们,你们瞧,绘本这一页中,大毛熊在哪里? 他在做什么? 为什么要偷看小兔子?

师:小兔子们又在做什么呢?(有的……有的……有的……)这个时候,小兔子们的心情怎么样? 你是从哪里看出来的?

小结:原来等大毛熊睡觉的时候,小兔子们又偷偷溜回来,开心地摘着苹果。可是,他们并没有发现,其实大毛熊也已经醒了,正在慢慢靠近小兔子们呢。大毛熊是怎么样靠近的? 绘本里是怎么说的?(悄悄地)我们一起来做做看,悄悄地走路。

2. 对比大毛熊的孤单与小兔子们的快乐。

师:孩子们,如果你是这只大毛熊,看到小兔子们这么开心地摘苹果,你会怎么想? 你的心情怎么样? 你还会像之前一样对待其他小动物吗?

小结:原来,"这是我的"这句话,会让好朋友慢慢地离开你,从而变得孤单难过。

(二)精读"小兔子发现大毛熊"——大毛熊又来了

师:这一页,发生什么事情了? 这是谁?

师:小兔子发现了吗? 兔子们的心情怎么样?(很害怕)你是怎么知道的?(动作、表情)一边跑,一边张嘴喊什么呢? 谁来喊喊看。

师:大毛熊在后面追赶小兔子,画面中他的一部分身体还没有被画进绘本里,请你们猜猜看,这时候的大毛熊的样子是怎么样的? 谁来演一演他的动作和表情?

小结:大毛熊的动作模样真是吓坏了兔子。

(三)精读"我们的苹果"——大毛熊想分享

师:可是他为什么要追赶兔子,你们知道吗? 追问:你瞧,大毛熊手里捧着什么?(苹果)怎么样的苹果?(许多又红又大的)

师:大毛熊拿着这些苹果想做什么? 要把这些苹果给谁? 他是怎么说的? 说这句

话时声音应该是怎么样的?(小小的)咦,真奇怪,一向喜欢大声喊叫的大毛熊这时候说话会这么小声呢?

小结:有的小朋友说大毛熊怕小兔子们被吓到,有的说可能是不舍得苹果,还有的说大毛熊是担心小兔子不跟他玩,所以从原来的大吼大叫变成了小声说话。

师:这时候他把苹果送给小兔子,大毛熊的心情会是怎么样的? 你是怎么知道的?(不好意思地哭了)

师:谁来演一演这个时候的大毛熊,要一边哭一边说。

(四)精读"和大毛熊在一起",有爱的大毛熊(播放一段温馨的乐曲)

师:孩子们,这是故事的最后一页,你们喜欢这幅画面吗? 为什么?

师:现在大毛熊交到朋友了吗? 他的朋友是谁呢?(兔子)

师:兔子喜欢现在温和的大毛熊吗? 你从哪里发现的?

师:这时候大家的心情是怎么样的?

师:画面中除了大毛熊和小兔子们,还有谁呢?(后面的一群动物)

小结:动物们在远处看到大毛熊和小兔子能如此和睦友爱地相处,他们简直不敢相信了。

三、延伸

师:小动物们心里会想些什么呢? 大毛熊接下来还会交到更多的朋友吗? 你猜,他会怎么样交朋友呢?

小结:你们都觉得他温和了,乐意与人分享,看来只有懂得分享、学会尊重别人的人才能受人欢迎,拥有很多朋友。

体验——戏剧游戏"朋友向我扔个球"

活动目标:

1. 帮助不同班段的孩子熟悉彼此的名字。

2. 愿意融入同伴一起游戏。

活动准备:空旷场地、皮球。

游戏玩法:

1. 所有孩子站成一个圆圈,老师手中拿一个小皮球。将手中的皮球扔给任意一个孩子,接到球的孩子需要说出自己的姓名和年龄。说完后,再将球扔还给老师。老师继续找下一个孩子介绍自己。

2. 孩子将球轻轻地抛给自己不认识的伙伴,并让小伙伴完成介绍后将球抛还回来。

（1）当孩子将球扔还给老师后，他们必须将手背到背后，以防老师重复传球。

（2）老师们需要保证每一个孩子都接到了球，并说出了他们自己的名字。当最后一个孩子将球扔还给老师时，游戏结束。

3. 老师将球扔给孩子，并马上说出孩子名字，大班的孩子也可以承担小老师的角色去主动认识小班孩子的名字。

 体验——社会活动"玩具分享会"

活动目标：

1. 通过分享，知道分享是交朋友的好办法。

2. 尝试与同伴互动、交流，体验与跨班段幼儿交往的快乐，增进交往的积极情绪体验。

活动准备：绘本PPT，幼儿准备一样愿意和朋友分享的事物。（可以是具体的东西，也可以是一件有趣有意思的事情等）

活动过程：

一、联系绘本情节，介绍自己分享的事物

教师：《这是谁的？》这本绘本我们都一起读过，怎么样能交到朋友？

小结：愿意分享能交到好朋友。

师：今天，我们也一起学学故事里的小主角，来体验下朋友之间的分享吧！

师：前几天，老师给你们布置了一个任务，请你们带一个东西或者是你觉得有意思的事情和大家分享，现在，请你们把今天要分享的东西，拿上来介绍下吧！

个别幼儿分享他们带来的物品或事件。

师：你为什么要分享这个东西呢（这件事情呢）？

小结：看来，你们带来的事物有的很有趣，有的很好玩，有的很有意义呢。

二、知道分享是快乐的

师：我们可以怎么分享呢？

小结：玩具是可以一起玩的，吃的东西也可以分着一起吃。

1. 幼儿集体分享快乐。（教师参与孩子分享，关注孩子行为和情绪）

师：接下来请你们找一个或者几个好朋友，一起来分享一下自己的快乐吧！

2. 交流讨论：刚才你和谁分享了什么？你们的心情是怎么样的？

小结：分享能获得快乐，分享能交到朋友。

三、探索交朋友的方法

（一）讨论

1. 和朋友一起除了分享好玩好吃的,你们还会做什么?

2. 如果和朋友不小心吵架了,你会怎么做呢?

3. 好朋友都喜欢同一个玩具的时候怎么办?

4. 小伙伴遇到困难了怎么办?

（二）情境演绎

1. 师幼互动演一演,遇到以上交友情境该怎么说,怎么做?

2. 回想点评。

教师:今天你们都学会了哪些交朋友的好办法,交到了哪些你喜欢的朋友?

 创作与表达——戏剧活动"大毛熊又来了"（故事重构）

活动目标:

1. 了解故事情节,通过教师入戏推动戏剧情节发展的张力,对故事进行不同的理解与演绎,感受大毛熊的转变。

2. 在活动中能表达自己的想法,培养幼儿的创造力和想象力以及叙述技巧。

3. 在戏剧创作中体会到惊讶、害怕的心情,理解分享的快乐。

活动准备:

1. 绘本图片（大毛熊大吼的图片）。

2. 熊耳朵发箍（教师入戏的借助物品）。

3. 幼儿扮演人物角色的小道具（萝卜、苹果、小花等）。

活动过程:

一、暖身游戏

1. 玩法:幼儿两人一组,按教师的提示做动作,如起床、洗脸等,"起床啦,先伸个懒腰""穿上衣服""下床找鞋子"……其中一位幼儿跟随教师语言提示自由做动作,另一位则跟随这位幼儿做同样的动作,然后两人换角色。

2. 要点:生活中的动作模仿。

二、戏剧创作——教师入戏重构故事

1. 教师入戏进行戏剧表演。

大致表演的情节:教师戴上发箍变身大毛熊,(先大吼一声)踏着沉重的脚步,带着粗粗的声音:从前因为我的坏脾气,把森林里的小动物都赶走了,他们现在应该很生气

吧,我好想他们,他们还愿意原谅我和我做朋友吗?

2. 教师出戏讨论(拿下发箍)。

师:大毛熊来了,他想干什么呢? 如果你是小动物。你会原谅他吗?

4. 教师再次入戏(戴上发箍)。

大致表演的情节:扮演大毛熊的老师和扮演小动物的小朋友交朋友。(引导孩子学会原谅并接受他人,能用简单的礼貌用语,想象一些交朋友的办法)

三、放松回顾

师:刚刚变成小动物的你们,心情是怎么样的?

师:大毛熊来了你是怎么做的?

师:怎么说才能交到朋友?

 创作与表达——戏剧活动"这是我的!"(肢体构建)

活动目标:

1. 在绘本阅读的基础上,引导幼儿用肢体动作建构故事画面,体验戏剧创作的乐趣和与不同年龄段孩子一起游戏交往的美好。

2. 在建构"明信片"中逐步发展想象力和创造力以及规则意识。

活动准备:绘本部分画面PPT。

活动过程:

一、暖身游戏——走一走,抱一抱

玩法:幼儿根据不同游戏信号,走动或暂停,暂停的时候与身边最近的伙伴"抱一抱"或问一声好。

二、场景建构——会讲故事的"明信片"

三、活动流程

(一)介绍"明信片"的玩法

玩法:教师讲述绘本里的故事情节或部分片段(也可以重构的故事),引导幼儿用肢体呈现故事的情节。

(二)选择绘本内容进行叙述(幼儿坐成一个圈)

1. "制作"绘本"蝴蝶页"的故事明信片(出示扉页)。

(1)师:森林里住着一只很大很霸道的大毛熊,小动物都十分害怕他,每当大毛熊出现的时候,小动物都会纷纷躲起来。

(2)引导幼儿用肢体表现小动物躲藏的故事画面。(幼儿年龄较小,可以提示他们小动物会躲在哪里？谁来扮演树,树是怎么样的？谁来扮演某某小动物,他是怎么躲藏的?)

（3）师用"散"的指令提醒幼儿回到座位上。

2. "制作"小兔子躲到地洞里的故事明信片(PPT兔子在地洞睡觉)。

（1）师:小动物被吓得都离开了森林,整个森林只剩下小兔子了,他们跑回地洞,躲了起来,要在家舒舒服服地睡个觉。

（2）引导幼儿用肢体表现小兔子的地洞以及小兔子们互相依偎睡觉模样的故事画面。

3. "制作"大毛熊和小兔子友好相处的故事明信片(绘本PPT)。

（1）师:大毛熊终于和小兔子成了朋友,现在他们在一起很友好、很亲密。

（2）引导幼儿用肢体表现大毛熊和小兔子友好相处的故事画面。

四、活动回顾与分享心情

师:你今天扮演了什么？你的心情是怎么样的？下次还想扮演谁呢?

图2-1-2-5　演一演"大毛熊和小兔子"的故事

图2-1-2-4　受了气的"小动物"

中班主题"动物乐园"子主题"在动物园"

【绘本介绍】

　　《亲爱的动物园》是一本提供预测功能的动物翻翻书,这本绘本畅销三十多年,在欧美几乎家喻户晓,讲的是一个小孩想认领宠物,热心的动物园寄来各式各样的动物,有桀骜的骆驼、吓人的狮子、恐怖的蛇、调皮的猴子……最终他会选择什么动物当宠物呢? 翻到最后一页,寻找作者给出的温暖答案吧! 这本绘本能让孩子认识动物园里的常见动物。

【教育价值】

　　这是一本可以"玩"的绘本,每一页上都有一个小翻页,教师可以通过重复的情节、文字的暗示,引导孩子猜测隐藏于翻页下的动物,借以建构孩子对动物的认知。这不仅可以帮助孩子认识动物,学习与动物有关的形容词和量词,活泼有趣的翻页设计也可以满足孩子的惊喜感与成就感,让孩子忍不住一翻再翻、一读再读。

【戏剧特质】

　　这是一本"二拍子"节奏特质的绘本,以孩子视角去认识动物,故事情节非常单一。为了制造故事"张力",我们会让幼儿从"动物"视角重新阅读这个故事。这时候,孩子的感受会完全不同,想法也变得丰富了! 基于此,我们对故事里的时间、地点、人物、关键事件进行重新构想,增加推动戏剧情节发展的张力。

品读——绘本阅读《亲爱的动物园》

活动目标：

1. 理解绘本内容,知道不同动物的特征。

2. 认真观察阅读绘本,大胆表达自己的猜测与想法。

3. 感受故事幽默诙谐的语言风格,萌发孩子对动物的喜爱之情。

活动准备：

1. 绘本PPT。

2. 娃娃手偶一个。

活动过程：

一、手偶导入　引发活动兴趣

师(佩戴手偶):大家好,我是乐乐,我没有弟弟妹妹,也没有哥哥姐姐。爸爸妈妈不在家时,家里就我一个人。所以,我想养一只宠物。于是,我给动物园写了一封信。

二、绘本阅读　理解故事内容

(一)大型动物来了(出示PPT:同时出现大象、长颈鹿、狮子,给幼儿做选择)

1. 讲述绘本文本:送来大象。

师:他们送给我一头……(延长声音)什么呢? 这么大的箱子里会装着什么动物呢? 我们一起打开看一下。

师:哇! 原来是长鼻子大象。哎呀,长鼻子大象太大了,还是退回去吧。

2. 讲述绘本文本:送来长颈鹿。

师:他们送给我一只很高很高的动物……你们猜会是谁?(长颈鹿)

师:是的,长颈鹿的脖子太长、个子太高了,还是把它退回去吧。

3. 讲述绘本文本:送来狮子。

师:他们又给我送来一头……会是谁呢? 小朋友们快听听这是谁的声音?(播放狮子的声音)

师:我们打开看下吧,哇! 原来是一只狮子,它太凶了,我可不要,把它退回去吧。

4. 讲述绘本文本:送来骆驼。

师:他们送来了一匹……会是谁呢? 原来是骆驼,它的脾气太坏了,我还是把它送回去吧。

师:怎么送来的都是这么大的动物,有没有小一点的呢? 我们打个电话问问有没有小点的动物吧。(创设打电话情景)

(二)小型动物来了(PPT 同时展示小蛇、猴子、青蛙,给幼儿选择)

1. 讲述绘本文本:送来小蛇。

师:电话之后,他们给我送来了一条……咦,这么小的篮子里会是谁呢?(幼儿自由猜测讨论)

师:让我们打开篮子看一看,你们猜得对不对。原来是一条小蛇,看起来有点可怕,你们喜欢吗?(不喜欢)

师:我也不喜欢,太吓人了,我把它退回去吧。

2. 讲述绘本文本:送来猴子。

师:他们给我送来了一只……哎呀,这只调皮的动物钻出来了。你们看到了吗,原来是只猴子,不行不行,猴子实在太调皮了,要把它送回去。

3. 讲述绘本文本:送来青蛙。

师:接着他们又送来了一只青蛙,蹦来蹦去的青蛙,我可不能要,我要把它退回去。

4. 讲述绘本文本:送来狗(PPT 上出现狗汪汪汪叫的声音)。

师:前面送来的小动物都不适合当宠物。最后,他们想了好久,给我送来一条……是什么呢? 哎呀,原来是一条毛茸茸的小花狗,真是太可爱了,我好喜欢它,你们喜欢么?(喜欢)

师:那我就把它留下吧

总结:动物园的叔叔阿姨真好,送来了这么可爱的小狗,我们应该要对他们说什么呀!(谢谢)你们真是有礼貌的小朋友!

三、完整阅读绘本

师:小朋友们,这本书有意思的是它的小翻页的设计,方向都是不同的,有些是由上往下翻,有些是由下往上翻,还有的像门一样可以双开,我们一起来完整地看一看吧!

四、区域延伸——我喜欢的动物

师:小朋友们,你们想养什么动物呢? 我们也寄一封信给动物园吧! 让我们一起去美工区把可爱的动物画一画吧!

 体验——社会活动"参观动物园"

活动目标:

1. 初步认知动物园里小动物的外形特征及其生长变化和生活习性。

2. 在参观动物园的过程中,幼儿能遵守规则。尝试用较清楚完整的语言大胆地表达自己在动物园的所见所闻。

3. 萌生爱护动物、保护环境和设施的责任感。

活动准备：

经验准备：参观过动物园。

物质准备：活动简报或者视频、PPT。

活动过程：

一、暖身游戏——"拍照片"

师：你们在动物园里都看见了哪些小动物呀！嘘！藏在心里！老师也想去动物园看一看，现在你们来演一演看见的小动物，老师来参观拍照。

玩法：每个幼儿站在自己的位置上，当教师摆出拍照动作，倒数"1，2，3，咔嚓！"时，幼儿摆出自己在动物园所见到的动物的样子。

二、参观活动分享——"我是小小观察员"

1. 出示家长幼儿一起制作的活动简报或拍摄的小视频。

师：你们周末是不是都去动物园参观啦！

师：小朋友们都非常认真地完成了老师布置的小任务，有的小朋友拍了一段自己当小记者介绍动物的视频，有的小朋友制作了动物简报。那今天就请你们来当观察员，向大家介绍动物园里你最喜欢的小动物和参观动物园要遵守的规则。

2. 出示动物图片，聚焦动物特征。

师：这是什么小动物呀？它长什么样？会发出什么声音？

3. 拓展认知经验，认识动物的习性。

师：它除了住在动物园，还住在哪里？它喜欢吃什么？公狮子和母狮子有什么区别？等等。

三、游戏体验——"动物音乐团"

1. 玩法：幼儿围圈坐好，教师扮指挥家。把全班幼儿分成两组，一组扮演小鸟，学鸟叫；一组扮演小羊，学羊叫。教师提示"动物音乐团开始演出了，请演员们看指挥"，教师指挥到小鸟组的幼儿，幼儿就学小鸟叫；指挥到小羊组的幼儿，幼儿就学小羊叫。

2. 师：动物园里还有哪些小动物呢？它们是怎么叫的？

3. 教师可以根据幼儿的接受能力，变成三组、四组，以增加动物类别，提高难度。

体验——戏剧游戏"动物变变变"(造型)

活动目标:

1. 初步认知动物的外貌特征与行为特征。

2. 让幼儿练习身体的控制能力,并完成各种动物造型;能够大胆表现各种动物的特征。

3. 引导幼儿愉快地与同伴合作。

活动准备:绘本《亲爱的动物园》、欢快的伴奏音乐。

活动过程:

一、暖身活动《走走停停Say Hello》

游戏玩法:教师摇着铃鼓时,请幼儿随意走动;拍两下时,请幼儿原地不动,并与旁边的好朋友打招呼,同时,可以用各种动作打招呼。

二、研习活动

(一)回忆绘本内容,讨论动物的特征

师:在绘本《亲爱的动物园》中,都有些什么动物?你最喜欢什么动物?它是长什么样子的,有什么特征?

师:请你来学一学你喜欢的动物的样子。

(二)模仿自己喜欢的动物

师:现在我们去动物园了,当欢快的音乐响起时,小朋友们可以自由走动;当音乐停止时,你们就要变成自己喜欢的小动物造型,并保持不动。(幼儿要根据动物的明显特征进行造型,从而进一步加强幼儿对动物特征的认识,游戏进行一到两次)

小结:刚才我们都变成了自己喜欢的动物,有的变成凶猛的老虎,有的变成长脖子的长颈鹿,有的变成长鼻子的大象等,你们变的动物可真像,那接下来两人一起合作变成一只动物。

(三)幼儿合作进行动物造型的创作

1. 师:两人合作,怎么样才能变成一只动物呢?我们怎么变?

2. 讨论:用肢体变出动物的造型。

如:"老虎"的造型,一人做出老虎的头,另一人做出动物的尾巴,两人一起合体成为一只老虎。(扮演老虎头的幼儿还可以加上表情)

3. 第一次分组游戏。

规则:两两一组进行讨论变什么动物,在每组确定动物角色后,当音乐响起时,与好朋友一起走动;当音乐停止时,马上就摆出动物的造型动作,并保持不动。

4. 第二次多人合作。

规则:引导幼儿讨论多人合作变动物,如大象造型,以三人为单位,中间的人做出"象鼻"的动作,两旁的人做"象耳朵"的动作,三人合体成为一只大象。同上述步骤,让幼儿自由讨论组合变其他动物造型。

5. 第三次游戏。

师:刚才我们尝试了三人、四人一起变成一只小动物,现在音乐响起来了,我们的小动物又来了,音乐停时,我们要赶紧变成三人或四人的动物造型,并且保持不动。看看哪只动物变得最快、最可爱。

三、放松活动

规则:教师播放音乐,请幼儿闭上眼睛,教师用语言引导幼儿回顾动物园里的小动物休息的场景。

师:动物园里的小动物们都玩累了,静静地趴在地上,用你们最舒服的姿势躺在那里休息,一起想想我们都变了哪些动物。

 创作——戏剧活动"动物的理想家园"(创意空间)

活动目标:

1. 在认识动物特征的基础上,了解动物生存的环境。

2. 通过讨论、讲述、倾听、表演等方式表达动物的特征与习性。

3. 让幼儿喜欢上戏剧表达,萌发对动物生存环境的探究。

活动准备:

1. 有参观动物园的经历,调查过各种常见动物的特征与习性。

2. 观看过《动物世界》纪录片。

3. 阅读过绘本《亲爱的动物园》。

活动过程:

一、热身游戏:动物变变变

教师下达指令,幼儿听到不同指令分别对应扮演绘本中不同的动物。第一次游戏,教师喊绘本中的任意一个动物,全班幼儿各自扮演该动物,根据节奏走动;第二次游戏,教师发指令,请幼儿两人合作扮演动物,并能根据指令让组合的动物"动起来"。

二、研习活动

(一)绘本回顾

师:你们读过《亲爱的动物园》吗? 讲了什么故事,谁能简单介绍下?

小结:动物园将一只只动物寄给一位小朋友,可是因为动物的不同特点,不适合做宠物,被小朋友——退回去了,最后留下了小狗。

(二)故事重构

1. 讨论(出示图片)。

师:动物们喜欢被关在笼子吗? 为什么?

师:如果你是一只大象被关在小小的笼子里,你的心情会是怎么样的? 你想怎么做呢?

2. 讲述新故事。

师:动物一点都不喜欢再被关在笼子里,作为送给人类的礼物被运来运去,它们决定要逃离动物园。

师:它们(不同动物)会计划逃到哪里呢?(追问)哪些地方才是这些动物喜欢生活与居住的?

(三)创意空间

1. 让幼儿选择一个参照物,并说口令"我是……"并用身体动作建构出画面,后面不断加入与之有关联的人、事物。

2. 让幼儿选择一种方案,并进行示范。

师:长颈鹿计划逃到树林,树林里有什么?(很多树、水塘、石头等)

师:谁来演第一棵树,请你来到展示区摆出一棵树的动作,然后告诉大家你是树好吗?

3. 个别幼儿示范。

师:大树旁边、前面、后面会有什么?(可能还有树、石头、水池)

玩法:幼儿依次摆好造型,并用"我是大树旁的……"介绍自己。(构建的事物都是与最初的大树有关联的)

4. 幼儿分组讨论"动物的理想家园"。

教师:不同动物还会计划去哪些不同的地方生活,请你和旁边小伙伴一起商量下,等下一起用肢体动作来建造他们的家园。

5. 幼儿用肢体呈现"动物的理想家园"。

表演形式:一个孩子表演树,他会在表演的场地,摆好树的造型说:"我是一棵大树。"接着第二、第三个孩子走到大树旁,手拉手摆出圆形的造型说:"我们是树旁边的湖。"第四个孩子来到"湖"的旁边做出长颈鹿的动作,并说:"我是湖旁边的长颈鹿。"

三、回想

1. 师:动物喜欢自己新家园吗,为什么?

2. 一起来看看今天一起创造的新故事。

形式:教师大致讲述绘本中的故事与幼儿重新构想的故事情节(结合现场的照片),最后谢谢大家的协助,让动物们获得了自由,获得了快乐!

四、区域延伸

1. 在美工区绘制动物逃跑路线路或动物的新家园。

2. 在表演区继续表演自己新编的故事。(配合手偶或头饰等)

3. 在阅读区阅读有关认识动物的绘本。

 表达——艺术"为小动物穿衣服"(美术)

活动目标:

1. 了解衣物的名称与不同的装饰方式。

2. 教幼儿正确使用油画棒,利用废旧报纸、蛋壳、彩纸、碎布等多种材料为小动物穿衣服。

3. 引导幼儿用辅助材料丰富作品,培养他们大胆创新能力。激发幼儿爱护小动物的情感和创作热情,积极参与动手制作的活动。

活动准备:

每人一张小动物轮廓画、油画棒、蛋壳、报纸、布头、彩纸、剪刀、胶水、录音机、磁带。

活动过程:

一、表扬鼓励,提出问题

师:小朋友们,我们参观了动物园,还画了小动物。有长鼻子的大象,有蹦蹦跳跳的小兔子,有可爱的大熊猫,还有凶猛的大狮子……

师:小动物就像我们的朋友,当它们遇到了困难,我们就来帮帮它们。

二、作画

1. 播放录音:冬天到了,天气凉了,动物园里的动物们没有衣服穿,都冻感冒了,听说小朋友们非常有爱心,请小朋友为他们穿上暖和、漂亮的衣服吧。

师:小动物知道小朋友们是既聪明又有爱心的好孩子。下面就请小朋友想一想,可以用什么办法为小动物穿衣服?(涂色、粘贴)

2. 幼儿自愿选择动物图片及制作方式。

3. 师幼协商作画要求。

4. 幼儿作画,教师巡回指导。

三、活动延伸

1. 请幼儿互相欣赏作品,并讲解自己的意图。

2. 活动延伸。

师:小动物非常感谢你们,但它们还想请你们为它们送点水果。请小朋友回家后和爸爸、妈妈一起动手完成水果的制作,并带到幼儿园送给小动物。

图2-1-2-6　我们的"动物调查表"

图2-1-2-7　场景创编剪影

图2-1-2-8　我们扮演的角色

图2-1-2-9　区域里的角色表演

大班主题"地球村"子主题"共住地球村"

【绘本介绍】

由于全球变暖,大浮冰开始融化了,84只企鹅不得不踏上漫长的搬家之旅。它们走遍了地球的东西南北,竟然找不到可以住的地方。84只企鹅只好乘热气球来到月亮上,可是从月亮上看,地球竟是那么美丽……于是大家决定,回到地球上,好好照料自己的家园,努力让它康复。《美丽的地球》这本绘本能让孩子理解全球变暖、环境污染的危害。

【教育价值】

《美丽的地球》是一本适合对儿童进行环保教育的优秀绘本。本书以唯美梦幻的画面和简洁的文字呈现了环保主题。84只企鹅搬家的故事形象生动地展示了地球环境日益恶劣、全球变暖和环境污染愈加严重的现象。这本书可帮助大人和孩子理解全球变暖的危害,为他们提供一些信息,并能深切体会到地球是我们的家园,爱护它、照顾它,是我们每个人的责任,通过我们的决心和努力,可以让地球变得更加美好。

【戏剧特质】

绘本画风唯美、动物灵动细腻、自然景象静谧柔和,阅读该绘本就像进行了一场触动心灵的梦幻之旅。探索该绘本将开启一场"戏剧"之旅。

绘本中充斥着一定的戏剧元素,如画面的空间变化、前后之间强烈的色彩对比,给人带来很大的视觉冲击,能让孩子在猜读中产生丰富的联想,为戏剧创作做好铺垫。此外,绘本中84只企鹅的象征、情绪氛围的变换等戏剧元素,都有一定的创作价值,适合孩子用戏剧多元的方式深入探索,从而领会该绘本所传递的有关环保的教育主旨。

品读——绘本阅读《美丽的地球》

活动目标:

1. 阅读绘本,进一步理解故事情节发展,深入了解企鹅的心情变化及内心想法,为台词、肢体动作创编做好铺垫。

2. 引导幼儿讨论、思考、分析人物形象,并能通过了解角色、故事的情节发展,加深对作品的感受。

活动准备:

材料准备:绘本《美丽的地球》、图片PPT。

经验准备:亲子通读《美丽的地球》的整个故事情节。

活动过程:

一、回顾绘本,概述故事内容

师:你们看过这本绘本吗? 谁愿意和大家说一说,这个绘本讲了一个什么故事?

二、详细解读绘本画面

(一)阅读场景一:海洋

1. P2:(1)这页绘本你看到了什么? 这是什么地方,你是从哪里看出来?

(2)它们是谁,想要做什么?

(3)它们会说什么,表情会是什么样的? 它们的心情是怎么样的?

2. P3:(1)发生了什么事情? 你怎么知道的?

(2)它们的对话是怎样的?

(3)它们会说什么?

3. P4:(1)你们看到了什么? 和企鹅们想象的是一样的吗?

(2)它们会说什么?

4. 你们觉得企鹅们会住下来吗? 为什么?

小结:(可根据幼儿的回答进行提炼)因为海里的水都被污染了,根本不能住。

(二)阅读场景二:草原

1. P5:(1)企鹅们在干什么? 它们心里是怎么想的?

(2)它们的表情是什么样的? 谁来学学它们的动作和表情?

(3)它们想去草原做什么?(在柔软的青草上安睡)

2. P6:(1)你们看到了什么? 和企鹅们想象的是一样的吗?

(2)企鹅们在干什么? 谁来学学它们的动作和表情。

(3)它们会说什么？

3. 你们觉得企鹅们会住下来吗？为什么？

小结：原来特别辽阔的草原都变成了工厂，空气都被污染了，根本不能住。

(三)阅读场景三：山岗

1. P7：(1)企鹅们又想到了去哪里？那里都有些什么？

    (2)这次会成功住下来吗？

2. P8：(1)你们看到了什么？这里有开满鲜花的山岗吗？

    (2)企鹅们表情是怎么样的？

    (3)它们会说什么？

小结：就连开满鲜花的山岗也被污染了，根本不能住。那企鹅们还能去哪里呢？

(四)阅读场景四：森林

1. P9：(1)你看到了什么？这是什么地方？

    (2)企鹅们想要去哪里？做什么？

    (3)它们表情是什么样的？这时它们的心情是怎么样的？

2. P10：(1)企鹅们看到了什么？

    (2)它们的心情是怎样的？

    (3)它们会说什么？

3. 你们觉得企鹅们会住下来吗？为什么？

小结：不会，因为森林的树都枯萎了，根本不能住。

(五)阅读场景五：遥远的地方

1. P11：(1)企鹅们在干吗？准备去哪里？

    (2)遥远的地方是哪里？

2. P12：(1)原来企鹅们去了月亮上，它们看到了什么？(美丽的地球)

    (2)它们准备怎么做呢？如果你是企鹅，你会怎么做？

3. P13：(1)企鹅们在做什么？

    (2)你们有没有好办法可以帮助地球康复呢？

三、延伸——拯救地球

(一)画一画

幼儿画一画拯救地球的方法。

(二)讲一讲

请幼儿将自己画的内容说给大家听，说说自己画的拯救地球的办法。

体验——社会活动"保卫河水"

活动目标:

1. 通过绘本阅读《美丽的地球》,结合周边资源,使幼儿知道水污染的危害,并了解河水变脏的一些主要原因。

2. 培养幼儿初步养成保护水资源的日常行为习惯。

3. 激发幼儿树立爱护水资源、保护水资源的意识。

活动准备:

1. 带领幼儿观察幼儿园周边的河流。(如周边无河流,可用图片或视频代替)

2. 河水污染原因的图片(或视频)。

活动过程:

一、回忆绘本《美丽的地球》引入

1. 师:在《美丽的地球》里,小企鹅都搬到了哪些地方?(幼儿回答)

2. 师:它们那里的河流、草地都怎么样了?(幼儿回答)

小结:对,它们的河流都受到了严重的污染,我们幼儿园附近就有一条河,今天我们也去参观一下,看看我们这里的河流有没有受污染。

二、参观附近河流

1. 师:你们觉得幼儿园附近的小河干净吗? 为什么?(根据附近的河流让幼儿讲述)

2. 师:为什么我们幼儿园附近的小河河水也是黑黑的呢?(河水也污染了)

小结:原来我们周围的环境也受到了严重的污染,那是什么引起的呢?(我们一起去找一找原因)

三、出示河水污染的原因图片

(一)讨论河水污染的原因

师:是什么原因导致河水污染的呢?

(二)观看视频,了解水污染的原因

1. 工业废水:一些工厂在生产的过程中,产生大量的污水,没有经过处理,就排入江河中,因此,影响了河流的水质,这是严重的污染源。

2. 生活垃圾:在我们生活中有许多的生活垃圾产生(垃圾袋、废旧物品、生活垃圾等),这些生活垃圾被倒入水中,从而也影响了我们的水资源。

3. 生活污水(治污水):在生活中,每个家庭都会产生许多污水(洗澡水、洗米水等),这些污水也会造成水污染。

5. 树木的缺乏(防洪水):泥沙流的流入,有些河流旁边的树木被砍伐,也会使泥沙流流入河中,使河水变得浑浊。

小结:原来水污染这么严重,都是这些引起的,政府也提出了五水共治的办法,我们小朋友应该怎么做呢?

四、如何保护河流(结合生活经验进行讨论)

(一)幼儿讲述保护水资源的办法

1. 师:我们应该怎么样保护水资源呢?

2. 幼儿:不乱扔垃圾、不往河里丢垃圾、生活污水再次利用,还要做到节约用水。

小结:生活中,我们一定要做到不往河里丢垃圾,爱护每一滴水,保护好每一滴水。

(二)生活中如何把生活污水再利用(保供水、抓节水)

1. 教师:如何利用生活污水呢?(引导幼儿结合生活中的情况进行回答)

2. 幼儿:洗米水用来浇花、洗澡水用来拖地等。

五、延伸活动

结合幼儿讲述的保护水资源的办法,让幼儿在家中和爸爸妈妈一起行动起来,并进行照片记录。

 体验——戏剧游戏"照镜子"

活动目标:

1. 培养对他人及自己身体的觉察力。

2. 配合主题联系自己与他人在空间中相对位置的变化。

活动准备:铃鼓。

活动过程:

一、回忆故事情节

师:地球变暖,浮冰融化。企鹅们要准备搬家,但是它们找了很久都没有找到适合居住的地方,所以它们又回到了地球,决定保护地球。

二、游戏"照镜子"

1. 讨论可以做什么来保护地球。(如种树、骑自行车、走路……)

2. 游戏。

游戏规则:邀请一位志愿者上台,由老师先当做动作的人,志愿者当镜子。老师定点做一系列的连续动作,镜子就在前面模仿老师做动作。

3. 讨论与评价。

师:刚才看到哪些保护地球的行为?

师:你是怎么样看出来的?

师:如何让镜子跟上我的动作? 还可以做哪些动作?

4. 幼儿示范。

做法:邀请两位志愿者再次示范,并讨论其中的动作和问题。(如:不要一直重复一个动作,可以多些变化。)

(1)将全班分成两组,A组进行活动,B组则在旁观察。

(2)A组站成两排,前后左右间隔恰当的活动距离,一排当做动作的人一排当镜子。另一组可以猜他们做的是什么保护环境的动作。

5. 换组进行游戏。

三、游戏结束后总结分享各种保护地球的方法和环保经历

 创作表达——戏剧活动"受伤的家园"

活动目标:

1. 通过对企鹅前后生活环境的经验构建,知晓企鹅要搬家的原因,以及现实生活环境日益恶化的现象。

2. 在戏剧情境的合作构建中,能用连贯的语言表述自己的见解并激发独特的想象力与创造力。

3. 萌发自觉爱护地球、保护环境的情感。

活动准备:绘本PPT。

活动过程:

一、暖身活动:送礼

玩法:全班围圈而站,教师拿起来一个虚幻的物件,把它送给任何一个人,并与对方说话,收到的人转化角色并继续送礼物。

二、戏剧创作

(一)3D明信片:我的家园

1. 师:企鹅生活的家园是怎样的?

围成圈,老师每拍一次手,一人走进圈内,扮演企鹅家园里的任何一样东西并摆出造型,后面进来的人注意定格照片的层次感。

2. 师:为什么企鹅要搬家呢?现在它们生活的家园又是怎样的呢?

第二轮:玩法与上同。

(二)戏剧情境:搬家路上

1. 师:企鹅搬家的路上会遇到哪些问题呢?它们又是怎么解决的呢?

2. 规则:将幼儿分成若干组,每组分别扮演搬家路上的企鹅,提醒幼儿扮演不同的企鹅。

幼儿开始构建情境,教师喊停时大家变为静止画面。选择其中一个小组进行展示

小结:企鹅搬家途中遇到了许许多多问题,为了寻找更加合适的家园,它们还在不断地努力着。

(三)教师入戏:环境考察者

1. 师:我是一名环境考察者,我可以帮助你们,我带来了一台摄像机,请你们把自己想说的话都对着摄像机说出来吧,我会播放给更多的人看,也请他们来帮助你们。

2. 摄像机游戏规则:教师用设备拍下小企鹅说的话,并在适合的时间播放给大家看。

3. 出戏讨论:企鹅们需要怎样的一个生活环境呢?为了拥有更好的生活家园,如果你是企鹅,你会怎么做?

三、放松活动

玩法:所有幼儿躺在地上,闭上眼睛,在教师的指导下慢慢张开眼,打开手起身,四处走动等。

 创作表达——戏剧活动"企鹅的烦恼"

活动目标:

1. 通过阅读绘本《美丽的地球》,知道企鹅搬家的烦恼,了解生活环境变化情况,深刻意识到环境的重要性。

2. 根据绘本的内容,结合企鹅的烦恼进行创作。

3. 在戏剧创作中感受企鹅的烦恼,激发幼儿保护地球、善待地球的信心,感受地球的美。

活动准备:绘本《美丽的地球》PPT、企鹅头饰。

活动过程:

一、暖身游戏——过河搭桥

玩法:每组幼儿在老师或者同伴的指导下,利用自己身上的一切物品甚至是身体的一部分搭起"一座桥",将规定的某段距离连起来。如"袜子一只,左手一个,右腿一个,

手表一只,发卡一只……"

要点:人物造型及变化。

二、戏剧创作——美丽的家园

1. 回忆故事要素——出示绘本最后一页PPT。

师:它们是谁?它们在哪里?在干什么?(保卫家园)它们为什么要在这儿做这些事呢?它们的感受如何?

2. 教师入戏创作故事。

(1)介绍教师入戏扮演的角色。(企鹅妈妈)

(2)介绍教师入戏、出戏的方式以及辅助的道具。(戴上头饰是企鹅妈妈,拿掉头饰就是老师)

师:企鹅妈妈难过极了,她想为她的孩子找一个舒适的家,可是整个地球都被污染了。你们看,企鹅妈妈会怎么样呢?(教师入戏)

3. 教师进行戏剧表演。

表演的情节:教师戴上头饰,幻想着带领小企鹅们来到南方的海洋,"哇,如果有这么美丽的海底世界当作我们的家,那真是太好了"。于是一路向海洋走去,远远地看见被污染了的海洋,心里难过极了……(这个情节老师们可以自己想象发挥)

4. 教师出戏讨论。

师:企鹅妈妈怎么了?她的心情由开心变难过,是遇到什么事情了?如果你看到这样的情景,你会怎么样?会是什么心情?(请2到3个幼儿回答)

5. 教师再次入戏,(扮演企鹅宝宝)引导孩子尝试戏剧创作。(可以分几组进行表演)

6. 适当进行角色装扮。(幼儿选择扮演的人物角色)

7. 分组尝试戏剧创作。

三、放松回顾

(一)放松游戏

玩法:教师面向幼儿,引导幼儿用鼻腔做呼气、吸气的游戏。从慢到快、从轻到重,逐渐改变呼吸的速度与强度,还可以在呼吸的同时加入各种有趣的声音,如小猪打呼噜等。

要点:放松身心。

(二)谈谈感受

1. 师:刚刚你们作为企鹅,看到地球被污染了,你们的心情是怎么样的?

师:你希望地球变得美丽吗?那要怎么做才能让地球变得美丽呢?

2. 师:最后地球变漂亮了吗?这时候你们觉得企鹅们的心情如何?你们的心情又

如何？

3. 小结：地球是美丽的，也是脆弱的，保护地球是每个人应尽的义务，我们一定要用自己的实际行动，为保护地球出一份力。

图 2-1-2-10　我们的表演"邀请卡"

图 2-1-2-11　戏剧活动剪影

二、嵌入式微戏剧课堂

嵌入式微剧课堂是指戏剧渗透学科或学习的教学形式。具体指在各领域学习中，教师运用戏剧游戏及戏剧策略作为教学的工具或媒介，带领幼儿围绕特定主题，经由肢体、声音、语言等身体资源共同创作戏剧的角色、情节和情境，并在创作过程中反映自身独特经历，它是发展想象力、创造力以及解决问题能力的一种教育戏剧组织形式。

（一）戏剧融入环节

戏剧融入环节，指在《完整儿童活动课程》主题教学活动的个别环节，融入戏剧游戏或戏剧策略。

 小班语言活动"小松鼠找'凉快'"

设计背景：

该活动选自"和戏"课程小班下册主题"顽皮一夏"的一节语言故事活动。该故事情节有趣，且贴近孩子生活，故事中的动物角色形象为孩子所熟知，便于幼儿对角色进行体验与表达。由于原教案中的教学策略较为单一，因此我们将戏剧策略（教师入戏、定格画面)融入该教学活动的部分环境中,借助戏剧多元的创作与表达方式启发幼儿去解决故事中的冲突与问题,从而更好地理解故事的教育价值。

活动目标:

1. 根据故事路径图,了解小松鼠找"凉快"的全过程。

2. 借助戏剧策略尝试对故事内容做出合理的判断,知道什么样的避暑方式适合小松鼠。

3. 喜欢听故事,激发对大自然的喜爱之情。

活动准备:

1. 铃铛一只。

2. 幼儿操作材料第4册第12—15页"小松鼠找'凉快'"。

3. 11号挂图。

活动过程:

一、小松鼠求帮助(融入戏剧策略"教师入戏")

1. 铃铛一响,教师入戏。

师:小朋友们,你们好,我是森林里的小松鼠,这几天天气好热啊(教师做很热的样子),你们有没有什么办法让我凉快一点?

2. 小结:谢谢你们给我了这么多变凉快的好办法,我这就去试一试,再见!(铃铛再响,教师出戏)

二、小松鼠找凉快

师:小朋友们,刚才谁来了? 小松鼠找你们干什么来了呀?

小结:你们帮它想了许多办法,那它会照着你们的办法去做吗? 我们去绘本故事里看一看吧。

(一)教师讲述故事第1—5段(融入戏剧策略"定格画面")

师:森林里住着一只小松鼠,它遇到了一个大麻烦,天气太热,它找不到"凉快"了。让我们来听一听故事里有哪些小动物来帮助小松鼠找"凉快"了。

1. 提问:这些小动物帮小松鼠想了哪些办法找凉快?

2. 定格画面,帮助幼儿理解"躲河里""打滚""拍打"等词的含义。

师:接下来当音乐响起的时候,你们可以学小动物到处走动,当音乐停止的时候,你们就停住不动,并把变凉快的办法用动作做出来。

3. 提问:你觉得小松鼠凉快了吗,为什么? 你能表现一下小动物们凉快下来的表情吗?

4. 小结:谢谢小朋友们的表演,我来采访一下小动物们,你现在感觉怎么样?

（二）教师讲述故事第6—7段，理解小兔子来帮忙的情节

师：小兔子给小松鼠想了什么办法让它凉快下来的？想到雪花、冰激凌为什么就会觉得凉快？

小结：是的，夏天吃冰凉的东西，会让人感觉到凉快。

三、我来想办法

1. 出示挂图11号或幼儿操作材料第4册第12—15页，幼儿完整听一遍故事。

2. 幼儿自由讨论让松鼠凉快的办法。

小松鼠找"凉快"

夏天真热啊，动物们都想凉快点。小松鼠在树林里走啊走啊，来到小河边。一头水牛躲在河里，只露出两个大鼻孔在出气。猪哥哥和猪弟弟在泥塘里打滚，嘴巴里还不停地说："真凉快！"大象妈妈正带着小象在河边玩水，他们用鼻子不停喷水，真舒服呀！

鸵鸟使劲儿拍打着大翅膀，"扑哧扑哧"扇着风，高兴地问小松鼠："小松鼠，这么热的天，去哪儿玩呀？"小松鼠说："鸵鸟大哥，我去找'凉快'。"鸵鸟说："哦，如果你有翅膀就好了，使劲儿扇扇就凉快了。"

小松鼠看看自己，没有大大的翅膀，只有一条大大的尾巴。他使劲儿摇了摇尾巴，一点都不凉快。

小象对小松鼠说："小松鼠，来水里玩玩吧，又舒服又凉快！"小松鼠想到去年自己掉进水里差点被淹死，就摇摇头说："不行不行，我不喜欢玩水。"

小松鼠想去找好朋友小兔子，看看他是怎样让自己变凉快的。

小松鼠找到了小兔子，小兔子正坐在树荫下乘凉呢！两个好朋友坐在大树底下，一起又说又笑。他们想起了去年冬天一起玩耍的事情，想起了那白茫茫的雪地和飘舞的雪花，想起了树枝上挂着的长长的冰凌，谈到了怎样在雪地里奔跑，一起掉进了大雪坑……他们越谈越起劲，聊了整整一夜。小松鼠感到这是整个夏天最凉快的一个晚上！

（二）戏剧重构活动

戏剧重构活动指的是利用《完整儿童活动课程》主题下教学活动中的素材，如故事文本、音乐素材、学科知识等结合戏剧策略和戏剧游戏将教案进行重新构建。生成戏剧活动或新的领域教学活动。

中班戏剧活动"猴子学样"

设计背景:

该活动选自"和戏"课程中班上册主题"动物乐园",原教案属于语言活动。语言文本所呈现的故事浅显易懂,深受孩子喜爱。故事的"老爷爷"与"猴子"动作幽默、表情夸张,具有强烈的戏剧色彩。该故事情节具有一定的戏剧张力,其中,"猴子学样"的情节符合中班孩子的年龄特点。因此我们借助该故事中的角色、情节、张力、动作等戏剧元素,将戏剧游戏"照镜子"融入活动中,重构成一节符合幼儿年龄特点的生动有趣的戏剧教学活动。

活动目标:

1.借助戏剧游戏回忆"猴子学样"故事内容,进一步加深对角色的认识。

2.初步尝试用"游戏体验"的形式来表演戏剧片段。

3.喜欢参与戏剧活动,感受师幼合作表演带来的快乐。

活动准备:PPT、草帽5顶、猴子头饰。

活动过程:

一、回忆故事内容,体验戏剧游戏"猴子偷帽子"

1. 师:孩子们,你们看看画面上都有谁? 你们还记得这是什么故事吗?(猴子学样)

2. 师:今天我们也来变成小猴子们玩玩游戏吧!(教师入戏戴上头饰扮演老猴子)你们看看我是谁? 没错,我是猴子老大,拿下帽子,就变回老师,那你们就是我的……(小猴子)

4. 师:小猴子们,你们看,(老爷爷出场)老爷爷睡着了,我们要怎么样才能拿到帽子呢? 是的,(打哈欠声)这是什么声音?

5. 师:听到这个声音说明老爷爷……(快醒了),那我们就要马上像木头人一样保持不动,别发出声音吵醒他噢! 一会儿我们要悄悄地行动! 好,小猴子们,准备好了吗?出发!

二、幼儿自主探索,体验戏剧游戏"猴子玩帽子"

1. 幼儿探索帽子的多样玩法。

师:小猴子们拿到了帽子,你们想拿帽子来玩些什么游戏呢? 一起去试试吧!

2. 评价:哇,有的小猴子在转帽子,有的在顶帽子,有的在合作传递帽子,看起来真好玩!

3. 师幼共同体验传递帽子的游戏。

三、情节内容分析，体验戏剧游戏"猴子学样"

1.（点击PPT：我的草帽呢！啊！你们这群顽皮的猴子，赶快还我的草帽！）

师：猴子们吱吱喳喳地叫，跳来跳去，谁也不肯把草帽还给他，老爷爷更气了！猴子们看老头儿指手画脚地嚷嚷，也指手画脚地叫起来，就是不肯还给他。

2. 师：孩子们，他们的动作看起来怎么样？你从哪里看出来？

3. 幼儿模仿老爷爷的动作。

师：是的，猴子最喜欢模仿人，哪只小猴子也想来学学老爷爷的动作？

4. 师：最后老爷爷拿回帽子了吗？老爷爷抓住了猴子喜欢模仿人的特点最终拿回了帽子。

四、自由讨论，片段演绎

（一）集体讨论，唤醒表演经验

师：孩子们，刚才我们玩的游戏就是绘本《猴子学样》中的故事内容，我们把这些游戏连在一起，就是一出精彩的绘本剧，要不要来试试看！那你们平时在表演角表演的时候都要做哪些准备呢？（经验唤醒：做计划、分角色、道具准备）道具准备好了，小演员们你们准备好了吗？（猴子学样，戏剧片段表演开始啦！）

（二）绘本"猴子学样"片段演绎

1. 旁白：（老爷爷出场）有一天，猴老大带着小猴子们出去玩，看见树下有位老爷爷在睡觉，猴子们便计划着想把帽子拿来玩，于是它们开始行动了……拿到草帽后，猴子们玩起了各种各样的草帽游戏。猴子们又是笑又是闹，围坐在一起玩起了帽子传递游戏，把老爷爷给吵醒了。老爷爷着急地挠头抓耳，走来走去，猴子们也学着他的样子。老头看见这个情形，心想：有了！于是……老头赶忙捡起帽子，挑起担子进城去了。小猴子们也学着老爷爷的样子，转头就走，回到了森林里。

2. 提问：

师：孩子们，你们觉得我们刚才演得怎么样？（哪里好？哪里不好？说说理由）

师：你们觉得我们"猴子学样"这个绘本故事还可以怎么演使它更有趣？

小结：你们的想法可真意思，老师就把这本绘本投放到我们的表演角里，等下一次区域活动的时候你们可以再去试一试，再来编一编、演一演！让我们的剧变得更加精彩，给更多的观众看吧！

图 2-1-2-12　中班戏剧活动"猴子学样"

(三)戏剧延展课时

戏剧第二课时的素材来自《完整儿童活动课程》主题,是在原来活动内容的基础上,根据幼儿的兴趣与需求生成的第二课时戏剧活动。

 中班戏剧活动"点点回家"

设计背景:

该活动选自"和戏"课程中班下册主题"我的家乡"。原教案是一节语言活动课,通过学习图文并茂的文学作品,让幼儿用语言表达对故事的理解,知道要熟悉家周围的环境等才不会迷路,萌发探索家周围环境的想法。教材的价值取向符合当下孩子的兴趣与需求,除了语言表达,还可以拓展更多表达的可能。基于此,我们利用"空间建构"与"绘制地图"等戏剧策略,进一步帮助幼儿理解当"点点回家"的方向改变时,家周围事物的顺序和外部特征都会发生变化。借助戏剧活动让幼儿持续探究家周围的环境,引发深度学习。

活动目标:

1. 在阅读故事的基础上,用戏剧表达的方式,进一步理解"点点回家"当方向改变时,家周围的事物的顺序和外部特征都会发生变化。

2. 尝试与同伴合作运用肢体建构、绘制地图等方式来表现故事情境。

3. 萌发幼儿对家周围环境的探究兴趣。

活动准备:《点点回家》绘本、绘制地图的材料等。

活动过程：

一、回顾故事情节，了解点点家周围的布局

师：《点点回家》的故事你们都还记得吗？故事里有谁？发生了什么事情？

师：让我们回到故事中去看看它家周围是怎么样的？

二、3D明信片——基于绘本的情节用肢体建构家附近的"印象"

师：点点出门了，一路都经过了哪些地方？它见到的事物都是长什么样的？（先来说一说，再用肢体演一演）

1. 幼儿分组来建构点点家附近的事物。（个别到分组合作）

2. 讲述"雪糕店的故事"。

师：点点最后找到雪糕店了吗？雪糕店是怎么样的？谁能和小伙伴用肢体搭建出来？

师：雪糕店里有谁呢？点点看到它会说些什么？我们一起把这个场景来演一演。

三、点点回家

师：点点在回家的路上怎么了？这些地方与之前经过的时候有什么不同？（看图来说一说）

（一）肢体建构　搭建家周围环境

1. 幼儿再次建构点点家的周围，感受方向不同、顺序不同，事物外表特征也会不同。

师：点点是真的迷路了吗？为什么雪糕店的路和回来的路不一样？

师：请你们把点点回家看到事物用身体搭建出来。

（二）旁白默剧　表达故事情景

1. 教师一边讲故事，一边和幼儿用肢体动作来建构故事中的场景和主要内容。

四、区域拓展——微型世界"送点点回家"

师：让我们一起送点点回家吧？家附近还会有什么呢？

要求：幼儿合作绘制点点的"社区地图"，在绘制的社区地图中加入"点点"玩偶和其他角色上玩投射游戏"送点点回家"。

（三）戏剧新增课例

戏剧新增课例是指根据《完整儿童活动课程》主题的核心价值和育人目标，结合幼儿的已有经验及他们在主题行进中生发的兴趣点和成长点，而生成的以儿童视角为主导的戏剧活动。

中班戏剧活动"热锅上的馄饨"

设计背景：

该活动源自《完整儿童活动课程》中班下册"我的家乡"的第二个子主题"玩转家乡"。该子主题的核心价值是了解家乡特产、品尝家乡小吃、聆听家乡童谣……逐步萌发孩子们热爱家乡的情感，初步建立起归属感。根据该主题的核心价值，在主题实施中孩子们借助调查、品尝和了解温州特色小吃。并通过投票选出自己最想了解的美食，最后"馄饨"胜出了！

由此中班孩子开启了一场有关"舌尖上的温州——馄饨"的探索之旅。在这场旅途中，孩子们自己选食材、包馄饨、煮馄饨、尝馄饨等，并由此生发了一系列的戏剧活动。该活动就是源自孩子在"煮馄饨"时的观察。"原来馄饨会越煮越大！而且在热水中会不断地翻滚、变化……"于是，教师顺应孩子的兴趣，结合已有的经验，生成了这节极具戏剧味、生活味、游戏味的戏剧活动。

活动目标：

1. 通过观察、了解水烧开和馄饨煮熟的过程，了解煮馄饨的基本步骤。

2. 通过语言、肢体动作等表现煮馄饨和捞馄饨的过程。

3. 体验戏剧游戏的快乐，感受与同伴合作"煮"馄饨的愉悦。

活动准备： PPT、鼓、勺子、厨师帽等。

活动过程：

一、导入：唤起煮馄饨的记忆

（一）观看煮馄饨视频

1. 师：孩子们，前几天，我请大家回家和爸爸妈妈一起煮一煮馄饨，有谁完成了这个任务呢？(举手让我看看)那馄饨是怎么煮的？

2. 师：看来小朋友都煮了馄饨，下面让我们一起看一段煮馄饨的视频！

3. 小结：煮馄饨第一步要先烧水，等水开之后再把馄饨一个个放到锅里，隔一会要用勺子搅一搅，等馄饨都浮上来就说明馄饨熟了，这时就用勺子全部捞上来！好，今天我们来当厨师，大家一起玩一玩煮馄饨游戏，好吗？

二、研习活动

（一）造型游戏——"馄饨"的样子

1. 请幼儿上来演一演馄饨的样子。

2. 全体一起演馄饨。

小结：原来馄饨有这么多的形状，有长长的、扁扁的、圆圆的、大大的、小小的，每个人的馄饨都很有特色，我相信待会煮起来肯定特别好吃。(请幼儿坐下)

(二)戏剧游戏——翻腾的"馄饨"(观看视频)

1. 出示热水沸腾的声音和画面。

师：你们看，锅里的水怎么了？(开了)水开了，终于可以煮馄饨了！

2. 观察馄饨在水里煮的视频。

师：热水里的馄饨发生了什么变化？

小结：原来馄饨在锅里煮，它会翻滚，会打转，会游来游去，最后还会浮上来。

3. 请个别幼儿演一演。

师：馄饨宝宝，你在热水里怎么感觉啊？(热、舒服等)在滚滚的热水里，你会怎么做呢？开水越来越热了(教师用手指弹动鼓面)请你大胆来演一演吧。

4. 小结：我看到这个小馄饨越来越大了，都浮起来，一定是熟了！

5. 集体演一演(配上开火、水沸腾的动图声效)。

玩法：水已经慢慢烧开了，小馄饨们想不想跳到水中玩一玩呢？我拍到谁的肩膀就请这个小馄饨用一个好玩的动作跳进热锅里。当开水的咕咕声越来越响的时候，你们的动作也要从慢到快地动起来、游起来；当水声停下来的时候，你们就浮在热水上不动！

6. 关火(关闭动图)。

师：关火了，小馄饨们可以坐在原地休息下，我来检查下，刚刚煮的馄饨熟了没有。

(三)搅拌的游戏

师：我发现有些馄饨还没有变熟，没熟的馄饨我们可不能吃呢！那怎么办呢？(教师带动幼儿进行猜想)

师：(出示勺子)我要拿勺子来搅一搅，让馄饨再动起来，让热水充分进入你们的身体，这样你们会熟吗？你们会怎么动呢？

小结：跟着勺子搅拌的动作进行旋转。

7. 现场演示——搅一搅馄饨。

三、完整游戏步骤

1. 在椅子上摆好造型。

2. 教师扮演厨师将一个个馄饨下到锅里。

3. 煮馄饨。

4. 搅拌馄饨。(教师变身勺子在锅里搅拌，带动孩子一起旋转、变化等)

5. 捞馄饨。(一个人捞；再多拿几把勺子，请现场老师加入一起捞)

四、回顾小结

孩子们在"热锅上的馄饨"戏剧活动中玩得十分开心,意犹未尽!

师:今天小朋友扮演馄饨,老师扮演厨师,我们一起玩"煮馄饨"的游戏,你们玩得开心吗? 你们喜欢其中的哪个部分呢? 为什么呢?

小结:看来你们都很喜欢这个游戏,那请你们把这个好玩的游戏分享给其他小伙伴吧。

图2-1-2-13　中班戏剧活动"热锅上的馄饨"

三、项目化戏剧活动

项目化戏剧活动指项目化学习与教育戏剧相融合的一种情境化学习方式。教师由某一戏剧活动情境切入,用驱动性问题聚焦关键的核心知识和技能,在解决问题的过程中进行戏剧与学科、戏剧与生活、戏剧与人际的联系与拓展,带动幼儿在真实的环境中展开高阶学习,用具有戏剧味的项目成果呈现幼儿对核心知识的理解掌握,以及创造性运用的情况。

 中班项目化活动"黑暗舞台建构记"

一、项目设计

(一)主题背景

中班主题活动"动物乐园"是将幼儿带进动物的世界,通过资料收集、探索体验、绘本阅读、戏剧表达等进一步认识常见的家禽、家畜,感受动物与人类、环境的密切联系,同时,尝试用自己喜欢的方式表达对动物的关心与爱护。

我们将绘本《小瓢虫听见了什么》与该主题价值进行匹配。故事发生在农场里,这里住着许多动物,每天都热闹非凡。有一天,小瓢虫发现了一个大阴谋:两个狡猾的小偷计划趁着夜深人静时,偷走农场里的奶牛。平时沉默寡言的小瓢虫将两人的计划报告给农场里的动物们,并想到个绝妙的方法战胜了小偷。

图2-1-2-14 绘本内容节选

(二)项目来源

在主题活动的开展中,幼儿在表演区表演这个绘本时,发现绘本剧目中有大量的黑夜场景。以往的表演区采光都非常明亮,而黑夜对幼儿的表演产生了较大影响。小演员们在表演时无法演绎出"夜晚小偷偷奶牛"及"动物们战胜小偷"这些场景。

(三)核心问题

在舞台上,怎样才能让观众既看到白天又看到黑夜的效果呢? 以幼儿在真实生活中碰到的问题入手,驱动他们进行项目化活动。

(四)学习目标

项目化活动可以让幼儿在探索、发现、解决问题的过程中锻炼探究性思维,促使幼儿发挥主动性,并在戏剧的探究中得到各个领域的全面发展。该项目化活动各领域的核心目标如下:

表2-1-2-1 项目化活动核心目标

领域	具体内容
语言	随着项目的展开,培养幼儿较连贯、完整地讲述自己的所见所闻和经历的事的能力,在群体中能有意识地听与自己有关的信息,体会作品所表达的情绪情感,愿意用图画和符号表达自己的愿望和想法,提高语言表达能力
社会	通过项目团讨、共研等方式促进幼儿人际交往和社会适应能力,能按自己的想法进行活动,不依赖别人,同时愿意接受同伴的意见和建议,能与同伴分工合作,遇到困难能一起克服,增进其对集体的归属感
艺术	在项目化活动中能运用绘画、手工制作等表现角色服饰、海报等,喜欢进行艺术活动并大胆表现,愿意利用肢体、声效等方式进行童绘戏剧表演
科学	通过项目探究活动培养幼儿亲近自然、喜欢探究、喜欢接触新事物的能力,并愿意去调查收集信息,能根据观察结果提出问题,用图画或其他符号记录画出或拼搭出物体的形态结构特征

二、项目实施

(一)项目准备

1. 教学环境。

以项目化活动中幼儿自行寻找到的最适宜场地为基准。

2. 教学资源和材料。

运用和戏课程中班主题"动物乐园"的教材支撑内核；结合项目化进行序度，高效、实时地利用家长资源解决问题；基于形式多样的评价体系；准备绘本《小瓢虫听见了什么》、建构材料、生活化材料等。

(二)项目流程

项目实施的过程主要分为入项活动、探寻活动、成果展示、多元评价四个环节。

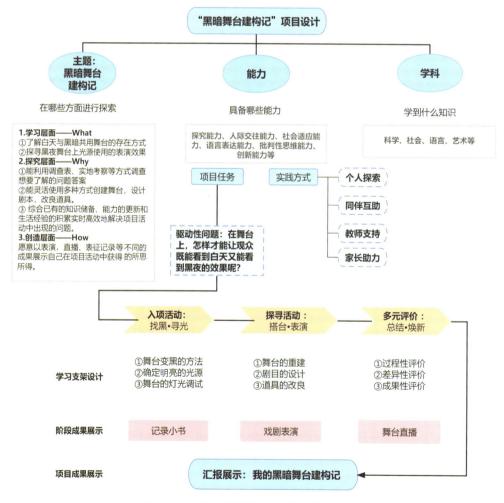

图 2-1-2-15 "黑暗舞台建构记"项目流程

（三）实施过程

中班幼儿具象思维的特点能促使他们依据实际情况有针对性地表达自己的想法。在活动中，幼儿通过发现问题、探究调查，在寻找解决办法的同时不断与同伴分享交流自己的想法，获得他人的认可。在这样高效思辨的过程中，幼儿能不断锻炼自己的逻辑思维、语言表达及合作等能力；同时，对其知识建构也有着可持续发展的积极意义。

1. 入项活动：找黑·寻光。

（1）舞台变黑的方法。

【子驱动性问题一】怎样才能让舞台变黑？

这是幼儿面临的第一个问题。在讨论中，幼儿根据自己的生活经验提出了不同的看法。教师让幼儿亲身体验，寻找使舞台变黑的方法。

幼儿自发三三两两组队合作探索，寻找到关闭灯光、拉上窗帘等使房间变黑的方法。

图 2-1-2-16　关闭灯源、拉上门帘、拉下窗帘

（2）确定明亮的光源。

【子驱动性问题二】如何在保持黑暗的同时，又能够看清小演员的表演？

选择好黑夜场地后，幼儿又发现：如果拉开窗帘或者打开灯光，则又变回白天的舞台了，但这些问题超出了幼儿已有的知识储备，我们通过调查记录和实物探究的形式鼓励幼儿带着问题探寻答案。

图 2-1-2-17　调查表

图 2-1-2-18　找光源、试光源、定光源

幼儿运用多种途径收集光源,并通过实地试验的方式,将自己收集的光源进行比对测试。以舞台灯光的需求为基准,通过两两PK的方式,最终选出手电筒作为道具。其所产生的光源既能指引我们观看舞台表演重点,又不会过亮,依旧能使舞台保持整体黑暗的氛围。

(3)舞台的灯光调试。

【子驱动性问题三】人离灯光太近,手电筒光源足,直射眼睛会有刺痛感;人离灯光太远只有光晕,小演员的表演又不清晰。

通过现场实地试验,幼儿寻找到了舞台不同黑暗度的灯光处理方法:

单人场景时,采用追光模式,用手电筒从头顶进行打光,可以避免小演员被灯光直射;多人大型场景则利用幕布模式,利用小演员的影子进行表演,避免演员和观众被灯光晃眼。

图 2-1-2-19　追光的使用、幕布的设立

2. 探寻活动:搭台·表演。

场地的重新划设导致场景布置均需重新设定,加之整场演出是由白天黑暗舞台交相互融,惯常使用的表演方式都需随之变动。幼儿通过讨论、设计、制作等实操环节,不断提升沟通交流、合作协作、解决问题和创新能力,同时,其批判性思维也在逐渐增强。

(1)舞台的重建。

相较于日光舞台的场景建构,黑暗舞台需要考虑演职人员摸黑走动的便利性、幕布的放置位置、光源放射的设置等。如何利用材料搭建一个既能形象生动展现白天表演环境,又能适应黑夜笼罩下的黑暗舞台,是舞台重建的难点。

【子驱动性问题一】什么样的材料适合搭建牢固系数高的舞台?

此次教师将材料的选择权交到幼儿的手上。幼儿将目光聚焦在班级建构区中的砖块盒和木板,他们对各个材料

图 2-1-2-20　试演搭建

进行了测量后发现：砖块盒材质偏轻，很容易倒塌，而木板偏薄，不能够支撑高度幕布的悬挂。

在班级材料不能够支持自身活动时，幼儿转换思路，提出园区建构室中的材料是否能够满足搭建需求。在经过亲身试验搭建后，幼儿确定了建构室中的材料的稳定性和搭建舞台的可行性。

【子驱动性问题二】怎样才能借用材料？

由于园区建构室的材料属于公共资产，不能随意支取。因此，幼儿通过将所需材料的种类绘画记录下来，设计申请书，去园区管理老师处介绍项目并申请，最终成功申请到使用园区建构室材料的权利。

图2-1-2-21 记录材料、设计申请书、介绍项目并申请

【子驱动性问题三】如何利用材料既能搭建出有农场韵味的日光表演环境，又能适应满足幕布光源的黑暗舞台。

在初次进行搭建时，幕布的悬挂问题很轻松便完成了，然而在白天情景下，很明显便能看出搭建出来的舞台外形与农场并不大相像，如果仅考虑农场栅栏相像问题，那幕布又挂不上去了，有没有什么办法能两者兼顾呢？

幼儿通过各自不同的办法，实地观测或观看照片了解农场的样式，经团队讨论后对农场搭建进行了再次设计，在全班幼儿面前展示并介绍绘好的设计图，然后收集全班幼儿的意见再进行修改。

图2-1-2-22 实地调查、介绍设计图

最后对完成的农场建筑物进行牢固系数的测试;加盖屋顶,融入栅栏,使外观符合农场里的动物居住屋,同时,在房屋窗户处悬挂幕布,使动物影子能清晰地出现在上面。

图2-1-2-23　搭建舞台、构建白天舞台、探索黑暗舞台

（2）剧目的设计。

创编剧本是幼儿参与戏剧活动创作的开始,是后续表演编排的前提。前期幼儿已经对日常童绘戏剧主题中的表演剧目非常熟悉,为了此次创新性地引入黑暗舞台,剧本便要重新设计。

【子驱动性问题一】如何区分黑夜与白天的剧本?

幼儿经过集体协商后,决定用纸张的底色一白一黑来分色区别白天与黑夜的剧本,再分别进行创编,使用绘画表征的形式设计剧本中所产生的台词、事件,让小演员们了解表演内容,并对其进行演绎。

图2-1-2-24　分色剧本

【子驱动性问题二】小演员们无法在黑夜场景下看清剧本上的图案,该怎么解决这个问题呢?

白天的剧本在灯光充足的情况下使用,剧目组绘出的图画都能清晰跃然于纸上。而黑夜剧目演出时,整体是在一个黑暗的环境下进行的,此时伸手不见五指,若是开灯或者打开手电筒观看剧本,又会影响到表演效果,该怎么解决这个问题呢?

通过家长的协助,幼儿寻找到荧光液这个物品。经过实际验证后他们发现,荧光笔真的能在黑夜中发出光芒,让人大致看清图案,且其微弱的光源又不会影响表演。

剧目成员立马开始分工进行剧目绘制,还认真地设计了各个剧目的封面,并将其装订成册,供小演员们使用。

图2-1-2-25 白天景象、黑夜景象

(3)道具的改良。

往常的舞美道具准备包括设计服饰、设计海报、制作邀请卡等内容,此次白天、黑夜舞台交相互融,如何让白天能看到的道具在夜晚同样也能看到?

【子驱动性问题一】如何保证白天能看到的道具在夜晚也能同样看到?

幼儿通过荧光液在剧目上的效用联想到对道具是否也能使用,然而在实际试验时发现,荧光液只能对局部小范围增光,对服饰、邀请卡、海报等需要大面积提亮的作用不大。

【子驱动性问题二】有没有别的更便捷的方式能够代替荧光液,使用在道具上呢?

幼儿通过调查后发现,能发出荧光的不仅有荧光液,还有荧光粉、荧光棒。

图2-1-2-26 试验效果

于是,幼儿依据作品的特性,多元化地使用带有荧光的物质。纸质道具选择荧光液来进行增亮,头饰等用荧光粉来加以点亮,邀请卡用荧光棒来进行装点,海报等物品则用小灯光进行氛围衬托,原本黑漆漆的作品在黑暗中也发出了荧荧的光亮。

图2-1-2-27 荧光液、荧光粉、荧光棒、小灯串的混用

3. 成果分享:表演·展示。

此次项目化活动已接近尾声,较之于其他活动,项目化活动的成果需要展示,并得到相应的肯定,因而我们通过戏剧表演、直播展示、汇报成果等形式进行。

(1)戏剧表演。

孩子是天生的游戏家、表演家。在各方面都准备完成后,他们便开始迫不及待地在黑暗舞台进行角色表演。《小瓢虫听见了什么》共有四幕,分别是白天、黑夜、从白天到黑暗、黑暗再到白天的场景变化。

图 2-1-2-28　表演照片节选

幼儿根据自己制作的剧目,有条不紊地进行台词训练,为各自扮演的小动物们进行肢体创编,最终展现了一场别开生面的童绘戏剧表演。

(2)舞台直播。

通过直播的方式,将幼儿的戏剧表演展现出来,观众们好评如潮,幼儿也愈发肯定自己,增强了自我认同感。

图 2-1-2-29　表演获赞

(3)记录小书。

在黑暗舞台搭建过程中,每位幼儿都有自己不同的感悟,他们将自己在项目化活动中的经历以小书的形式记录下来,并与他人分享。这样不仅进一步锻炼了孩子们的语言能力、思辨能力,更有助于他们各方面能力的综合发展。

图2-1-2-30 记录小书、分享交流

(4)汇报展示。

在项目化活动的尾声,幼儿使用PPT、小书、视频等不同的方式向其他幼儿展示成果,并进行总结,激发了幼儿之间互相学习、互相成长的有效能动性。

图2-1-2-31 活动小书、影像回顾、PPT活动总结

4. 多元评价:总结·焕新。

评价是对项目化活动进行的整体梳理和提升,也是对项目化活动中每一位幼儿的个体差异进行持续性的关注。通过对项目化活动每一阶段进行总结和提炼,还可以检验项目行进的目标是否有所偏差,以期在下一阶段进行实时调整。

(1)过程性评价。

在项目化活动开始时,以大量团队讨论的方式进行活动,全班幼儿同时进行高效的思维碰撞、创意激发,通过不断的提出、试验、投票、抉择、评分等循环过程,对自己及其他幼儿进行表现性评价。

教师以项目化核心目标为基准,在项目化活动过程中,适时对幼儿的各方面能力进行评价并给予反馈,帮助幼儿有效调控项目化学习进程,及时发现不足并进行调整,使幼儿在项目化活动过程中获得成就感,增强自信心。

图 2-1-2-32　投票、评分机制

（2）差异性评价。

教师既要关注幼儿的整体发展，又需关注个体差异，不能以统一的标准衡量每一位幼儿。因而可在观察、支持幼儿的基础上，将指南作为幼儿发展水平基准，结合园所自制的和美徽章对幼儿进行一对一单独评价活动，即当幼儿完成某一徽章的评定成就时，便为其颁发相应的徽章，鼓励并支持幼儿发展的无限可能性。

（3）成果性评价。

幼儿作为活动的主体，全权主导并参与整个活动，对活动中的自己及过程都有着深刻的体会。6W 项目活动评价就是通过拉拉书的形式对每一环节中自己和同伴的表现进行自我反思和互相学习，并对学习过程进行反馈。随着项目化活动临近尾声，教师基于项目化学习目标，总结幼儿在活动过程中的表现，肯定其项目成果，同时对出现的相关问题进行修正和补充。通过成果性评价，以幼

图 2-1-2-33　拉拉书评价

儿原有水平为准，检测学习目标的达成与否，且更为全面细致地关注到每位幼儿的差异性，从而使每位幼儿获得最大程度的发展。

三、实施建议

项目化活动与其他活动的不同之处在于项目化活动中随时可能生成大量的问题，幼儿正是通过这些问题一步步完成项目，而问题的处理方式大致分为以下几种：

（一）实时解决问题

针对在项目活动过程中实时存在的问题，幼儿通过团讨、互助、投票、记录等方法来因事制宜，实地求是地迸发智慧想出金点子来解决问题。

例如面对灯光在表演活动中如何运用等系列问题时，幼儿尝试了各种方法。

对灯光调节问题进行互　　　对易忘的亮灯环节进行　　　灵活借助午睡室的高低
帮互助　　　　　　　　　　特殊标记　　　　　　　　床,加高追光角度

图 2-1-2-34　灯光问题解决

（二）问题墙的设置

在面对短时间内无法立即解决、需要他人帮助梳理的问题时,幼儿可以通过问题墙的形式将自己注意到的问题以绘画表征的方式记录下来,贴在墙上。其他人在看到后,或思索、或调研、或考察,得出答案后,再以同样的形式予以回复。这样通过提出并解决的方式一步步完善探索目的,使方法得到更深层次的提升,最终完美解决问题。

四、活动反思

回溯整个项目化活动的生成与推进过程,教师与幼儿一起共同梳理问题,教师支持幼儿多样化的学习需求。构建"黑暗舞台"主题的个性项目化学习本就是一个较难的尝试,特别是首次尝试分组进行活动,在脱离了成人的帮助后,幼儿要自己承担探索研究的任务,确实在实施过程中遇到很多困难和挫折,有失败,也有放弃,但幼儿依旧乐此不疲。这种全新的学习方式,给予了幼儿充分的自由空间和创意空间,给幼儿带来了一种不一样的成长体验,使他们最终走向和美生长。

图 2-1-2-35　问题墙缩影

表 2-1-2-2　6W项目活动评价

我/和谁	在哪里	碰到了什么困难	用什么办法	是否解决问题	心情如何

身体健康	动作灵敏	习惯良好	情绪积极
能听会讲	善思乐探	敢于质疑	坚持专注
自我认同	友好交往	合作守规	爱国爱家
积极体验	善于想象	大胆表达	乐于创造
爱劳尊劳	自理自立	勤劳善劳	悦享劳动

图 2-1-2-36　中班幼儿评价徽章库

大班项目化活动"悦舞水袖"

一、项目设计

(一)主题背景

大班主题活动"我想知道的……"是要让幼儿通过主题的学习,对各种不同的职业产生向往之情,学习各行各业的人们勤劳、勇敢、关爱他人、有责任心、乐于奉献的优秀品质。对照此主题目标,我们匹配了绘本《我们的一天》。书中24个人物分别代表24个不同职业,每个对版展示一个人物一天的工作内容,层层细节将相关信息一一展现,其中包括

图 2-1-2-37　绘本《我们的一天》

售货员、快递员、戏曲演员等。

（二）项目来源

项目生发的契机源自品读绘本《我们的一天》时，幼儿在阅读"戏曲演员"画面时产生了浓厚的兴趣，提出了"他们脸上为什么会有这么多颜色？""他们的服装为什么和我们不一样？""他们做的动作为什么这么有意思？"等关于戏剧的问题。于是我们借助家长资源，通过班级里的越剧导演奶奶，由奶奶带着幼儿观看越剧表演、参观演出后台、了解越剧起源，在探索过程中幼儿将目光聚集在越剧服饰水袖上。于是，一场水袖探索之旅拉开了序幕。

（三）核心问题

核心问题是如何自制一条自己能够舞动起来的水袖进行越剧表演。以绘本当中幼儿对戏曲演员的好奇心为切入点，结合温州是越剧之乡这一本土文化进行项目学习活动。

（四）学习目标

本项目的学习能够培养幼儿的创新能力、合作能力、解决问题的能力、协调能力，同时提升幼儿的科学和艺术素养。

表2-1-2-3 项目学科目标

领域	具体内容
科学	学会用身边合适的工具进行测量臂围，并学会记录
艺术	理解水袖各个方向所表达的意思，并尝试用戏剧表达方式进行表演
社会	面临不同的问题孩子进行商讨、沟通，以合作的方式展示成品；感受越剧的魅力以及深厚的传统文化底蕴，激发对家乡的热爱之情

二、项目实施

（一）项目准备

1. 经验准备：通过对越剧服饰水袖的调查，幼儿初步了解到水袖的意义和做法。

2. 思路准备：为让幼儿对水袖有深入的了解，我们带着幼儿观看越剧，探秘越剧馆后台，给从未接触过越剧服饰的孩子带来一次近距离的接触。

（二）项目流程

本项目实施的整个流程图：

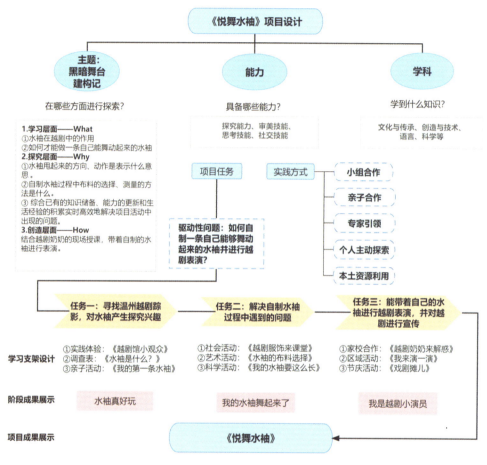

图2-1-2-38 "悦舞水袖"项目流程

（三）实施过程

1. 提出问题。

"和戏课程"作为温一幼的特色课程，始终追随幼儿的视角，遵循"和戏"课程的理念，实施预设并生成相互交织的动态发展过程。温一幼以绘本《我们的一天》为载体，以幼儿对越剧演员兴趣度为切入点，开展了有关越剧服饰水袖的一系列活动。

提问：越剧演员为什么要穿有水袖的服装表演？越剧演员表演的时候一直将长长的袖子甩来甩去是什么意思？

2. 明确任务。

随着大班主题"我想知道的……"的展开，幼儿通过绘本阅读、实践调查、戏剧游戏等形式开启了一场别样的越剧小戏迷体验之旅。教师与幼儿一同前往温州越剧馆,实现了从园内走到园外,激发了幼儿对越剧的好奇心和探索欲望。

教师提问:越剧服饰哪些地方让你记忆深刻? 同其他服饰有什么区别?

在文化素养视域下,应当将文化传承给下一代。结合幼儿对越剧的兴趣度,由此将其合二为一,开展了此项目化活动。幼儿与同伴讨论、协商合作,并在艺术领域中进行个性化的创作。

3. 准备阶段。

入项活动:初触水袖,重重面纱——寻找温州越剧踪影

【子驱动性问题一:如何让幼儿亲身体验越剧的魅力】

(1)本土资源利用:寻找身边的越剧小站。

为了引发孩子探究的兴趣,我们进行了课程预热,以亲子体验的形式了解越剧。家长带上孩子去温州各个角落寻找越剧的踪影,并将他们找到的资源分享到班级群里。

图 2-1-2-39　寻找身边的越剧

(2)家长资源利用:探秘温州越剧馆。

项奶奶作为温州越剧馆的演员,向孩子们发来了参观越剧馆的邀请函,邀请孩子们一同前往温州越剧馆观看越剧表演和参观后台。小观众带着观看后的疑问来到了后台服装区进行了区域参观,还进行了小记者问答环节,在与越剧演员的交流后,孩子对越剧服饰的水袖有了更强烈的探索欲望。

图 2-1-2-40　孩子们参观越剧团和演员后台

孩子们回家之后纷纷找出家里的丝巾、围巾等"道具",通过水袖来演绎"天上掉下个林妹妹"。

图 2-1-2-41　在家体验越剧水袖

显然,带领孩子参观越剧馆后台服饰区,慢慢解开了孩子心中越剧那层神奇的"面纱"。在参观过程中,孩子带着问题去探寻背后的答案,这有利于他们开展深度学习,激发良好的学习品质,在交流与探索中孩子的社会性也得到一定的发展。

图 2-1-2-42　孩子的"水袖"绘画作品

4. 实施阶段。

知识与能力构建——量身体裁,落落飘纱。

【子驱动性问题二:如何自制一条自己能够舞动起来的水袖?】

(1)材质及特性:再"谈"水袖。

回到幼儿园,幼儿拿出自己 DIY 的水袖进行讨论,围绕水袖的长度、连接点以及材料等方面进行了探讨。

幼儿依次记录自己的困惑,在讨论时想对策。如:布料的选择——什么布可用来做水袖?

(2)区域制作——初"制"制作。

幼儿拿着美工区的白纱进行了设计和制作。在制作的过程中,当"模特"穿上身后,白纱水袖不停地掉落,给演员的表演带来了很多阻碍。然后他们通过区域服装区的小道具进行调整,用头绳绕臂围固定、用小夹子固定纱布的两端等。

图 2-1-2-43 固定白纱水袖的探索

最终，幼儿采纳各种建议，将白纱一撕两半，利用夹子进行固定，完成了白纱水袖的初次制作。

（3）纱制水袖，再"现"新问题。

在演员表演的时候，白纱水袖似乎又出现问题了，它甩不起来，而且甩起来的时候飘落的速度太慢。通过表演，幼儿发现，水袖不是越轻越好，也不是越重越好，那究竟什么样的材料才最适合表演呢？老师也从越剧馆借来了一身水袖服饰，让幼儿继续"研究"，以解决问题。

（4）材料投放，"制"出新方法。

为了让幼儿有更多样化的探索，家长与他们一起共同收集了各种各样的布，此外，还投放了服装上的夹子、尺子和各种生活常见小工具。第二天，幼儿将各种材质的布带到幼儿园。开展区域活动的时候，道具坊再次热闹非凡，幼儿讨论着——到底哪一种布适合当水袖呢？他们将布料进行筛选，最重和最轻的都不要，剩下的只有绸缎和棉布，最终绸缎以布料光滑和不易皱的优点在此次的筛选中胜出。

图 2-1-2-44 寻找合适的布料

6. 展示评价。

成果与呈现——登台亮相，惟妙惟肖。

【子驱动性问题三：当进行表演的时候，演员使用水袖的不同方面是表示什么意思呢？】

（1）家长助教，理解水袖含义。

在一步一步解决问题的过程中，新的问题又浮出了水面。难道水袖是随意舞动的吗？不同的甩水袖的动作又代表什么意思呢？此时，项奶奶来到班级，为孩子们上了一节生动的水袖课。

图2-1-2-45　越剧演员项奶奶进幼儿园

经过项奶奶的一番讲解,幼儿茅塞顿开。他们再次进入区域表演水袖的时候,动作似乎更像模像样了。叶子小朋友经过项奶奶的指导,摆弄水袖的动作更加精准了,还能通过舞动水袖来表达娇羞等不同情绪的动作。

图2-1-2-46　孩子们在区域活动自由表演水袖

(2)多样途径,越剧体验分享。

①元旦戏剧集市。

幼儿园的戏剧集市开幕了。小小越剧戏迷们终于可以施展自己的才艺了。活动引来了好多"小客人",水袖摊和表演台热火朝天,成为集市中最热闹的一角。

图 2-1-2-47　戏剧集市一角

②越剧小舞台。

万事俱备，只欠东风。幼儿为整场演出安排了环境布置、效果彩排、观众邀请等环节。

图 2-1-2-48　登上舞台表演啦

在戏剧集市和演出结束之后，教师带领幼儿回顾活动，幼儿纷纷表示很喜欢这样的活动，既能传承文化，又能感受越剧带来的美好体验。此外，幼儿还表达了对越剧演员练习点点滴滴的辛苦的感同身受。

图 2-1-2-49　项目化学习回想记录

四、实施建议

（一）幼儿对职业的调查建议

1. 对家人的工作性质进行调查、了解。

2. 与家人一同调查更多不同的职业。

（二）教师对本土文化的敏感度

1. 建议了解本市、本园、本班的大资源数据，将资源氛围大环境资源（本土越剧馆）、园本资源（和戏课程策略）和家长资源（班级里的越剧演员）统筹使用。

（三）拓展活动建议

1. 建议幼儿与家长寻找本土各角落的越剧踪影，培养亲子互动情感。

2. 建议将课堂搬出校园，走向社区。探秘温州越剧馆的活动，使幼儿对越剧产生更多的共鸣和好奇心。

3. 建议幼儿利用生活化的材料进行创作，与同伴合作，获得解决问题的经验和技能。

4. 建议让幼儿自主完成"戏剧集市"的场景布置、人员安排及表演形式。可以以小组为单位，进行任务分配。

5. 建议幼儿结束演出之后，对职业进行再次回顾，通过说说心里话、送感谢信和为越剧馆画宣传照，让幼儿对本土文化有更深的了解。

五、教师评价

（一）教师评价："设计方案"评价量规

通过对已有方案的分析、讨论，从呈现方式、呈现内容、可实现性三个角度去考量，并制定每个维度的评价等级。

表2-1-2-4 评价的维度

等级维度	新手水平	合格水平	熟练水平
呈现方式	通过身边随处可见的材料，如围巾、裤子、毛巾等材料系在胳膊上"玩"水袖表演	通过观看水袖视频、近距离欣赏越剧服饰，以及寻找单一的布料完成长长的水袖	选择正确的布料和准确的测量方式，进行水袖制作，并能根据自己的身高随意舞动水袖
呈现内容	想法单一，只考虑将水袖甩起来	为了能让水袖甩起来，对布料的选择比较随意，导致水袖甩不起来	考虑周全，能够从真实问题出发，对水袖的设想、构造、材料、分工等方面进行全方位、多角度呈现
可实现性	实现性差	有一定的实现性，但缺少操作性	可实现性强，设计的水袖能够付诸实践，变成适合自己的水袖

（二）教师与幼儿合作评价："水袖"制作评价量规

幼儿在制作的过程中会遇到很多问题，如材料的选择、工具的使用、尺寸的把握等，在制作完成后，通过展示活动，发现新问题和需要继续完善的地方，可借助"水袖"制作量规，从人本、科学、技术、艺术、创意五个维度，从多个一级指标和二级指标进行评价，找出水袖制作后的优点和不足，并进行改进。

表2-1-2-5　水袖制作量规

评价维度	一级维度	二级维度	分值（1—5分）
人本	功能	能够充分考虑到身高、手臂围度等特点，对水袖进行运用	
	需求	能用自制水袖进行越剧表演	
科学	方法	运用正确的测量方式进行准确测量	
技术	质量	牢固、不脱落	
艺术	设计	符合越剧服饰的特点，主题突出	
	美感	外观精致，富有中国元素	
创意	与众不同	独一无二、大胆想象	

（三）成果展示评价量规

通过对幼儿的成果进行作品式的展示，从而进一步巩固项目式学习的思维模式，实现对幼儿的自我激励和满足感。

表2-1-2-6　成果展示评价

评价维度	具体指标	分值（1—5分）
越剧表演	能用自己设计的水袖进行越剧表演，并能演绎出水袖不同动作所表达的意思	
过程展示	通过回忆，能大胆分享在制作水袖过程中遇到的困难和问题的解决方案及当下心情	
小组合作	小组分工明确、配合默契、勇于挑战，合力解决问题	

（四）遵照《3—6岁儿童学习与发展指南》精神，做全面发展的和美儿童

我们将活动的开展与孩子的发展进行链接，在课程实践中，以《3—6岁儿童学习与发展指南》精神与"和戏"课程育人目标为指引，培养全面发展的儿童。

（五）聚焦"核心素养"，做文化的有力传承者

水袖项目化学习是整个越剧班本课程中的重要一环，通过此次的项目化学习，课程、教师、幼儿及家长成为一个融合的共研体。文化理解与传承是开展项目的本土化重要核心素养——越剧是我们戏剧中的重要种类，通过对水袖的探究，幼儿不仅了解了水袖的材质与构造，更从内在了解到不同情景中不同水袖的演绎方式，在这个探究过程中走进文化、沉浸于文化。

整个项目活动从最初的生成到架构到实践落地，我们始终追随幼儿的视角、遵循"和戏"课程的理念、实施预设与生成相互交织的动态发展过程。正如温一幼课程行动纲领所说的那样——"你先想，我等着；你先说，我听着；你先做我看着，你需要我们一起来"，一起与孩子一起探寻越剧，感受文化的魅力。

中班戏剧项目化学习案例"'旋转星星'化装舞会"

一、项目设计

（一）节庆背景

温一幼戏剧节作为体现幼儿园课程文化的特色园本节庆，基于园本"和戏"课程，开展了为期一个月的特色节庆活动。幼儿在戏剧月中体验富有特色的开幕式系列活动后，和教师一起开展充满戏剧味的项目化学习活动，在探索体验、创作表达中于戏中寻乐，并携手家长一起参加"戏剧集市"，共同玩戏。在"戏剧集市"中，每个班的孩子可以自由畅想，自制海报、设计摊位、创作道具服饰、设计徽章，组织具有班级特色的戏剧活动，让节庆活动与项目化学习的展示活动自然相连、紧密对接，使幼儿真正成为课程的小主人，打造有"戏"童年。

（二）项目来源

幼儿在讨论戏剧节戏剧集市班级摊位的想法时，联想到了戏剧游戏"奇妙的舞步"中小动物们举办"森林化装舞会"的热闹情境，萌发了想要像小动物们一样，在戏剧集市中举办一场化装舞会来庆祝戏剧节闭幕的愿望。由于缺乏经验，幼儿不知道如何在戏剧集市中组织一场化装舞会。基于幼儿提出的愿望与需求，教师和幼儿一起以"组织化装舞会"为线索开展跨学科的项目化学习活动。

（三）核心问题

我们怎么像小动物一样，在戏剧集市中举办一场化装舞会。

（四）学习目标

跨学科项目化活动可以让幼儿在多领域得到发展，教师梳理《3—6岁儿童学习与发

展指南》后结合本项目形成了活动目标:

表 2-1-2-7 活动目标

领域	具体内容
语言	愿意与同伴、家人分享和化装舞会有关的所见所闻; 能用自己的话基本完整地讲述和舞会有关的事; 能够运用图画符号对化装舞会的事进行记录与评价
社会	愿意和同伴、家人一起参与集市的化装舞会; 能使用礼仪邀请别人到摊位参加化装舞会; 体验化装舞会的乐趣,感受戏剧集市的温暖
艺术	尝试感受、描述不同音乐的特点,并尝试在音乐中跳一跳; 能够在集体面前大胆根据某一主题仿编、创编舞蹈动作; 尝试自主、合作设计制作化装舞会的海报、服装、道具、邀请函等
科学	积极探索舞会的相关内容,大胆表述自己的发现; 尝试用图画符号进行记录、解释舞会的相关信息
健康	在跳舞时能保持身体的平衡,尝试律动、旋转、地面动作等多种舞蹈方式; 在合作跳舞时能与同伴保持基本一致的节奏,不与同伴发生碰撞、挤压

二、项目实施

(一)项目准备

1. 教学环境。

教室、多功能厅、操场等适宜开展集体活动的空旷场地。

2. 教学资源。

(1)教师资源:教师引导幼儿学习如何绘制、使用调查表、评价表等工具。

(2)家长资源:协助幼儿完成调查与实践。

(3)社会资源:温州大剧院、东南剧院、世纪广场等。

3. 教学材料。

舞会视频、音乐、服装设计图等。

(二)项目流程

教师与幼儿一起启动"化装舞会"项目计划,以驱动性问题和子驱动性问题为任务线索,通过"我讨论—我计划—我实践—我呈现"的链式流程展开项目活动。

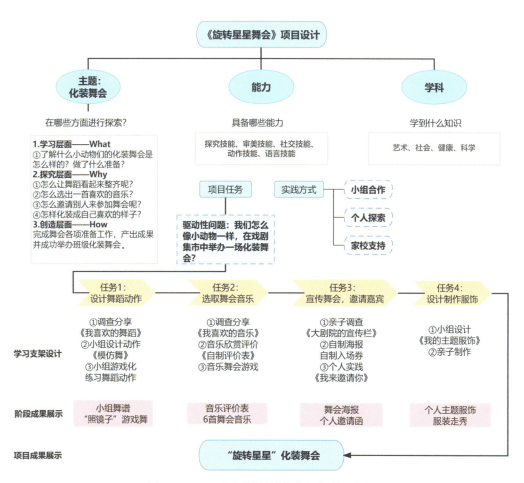

图2-1-2-50 "旋转星星"化装舞会项目流程

（三）实施过程

中班幼儿具象思维的特点能促使幼儿依据实际情况有针对性地表达自己的想法。在活动中,教师引导幼儿通过梳理游戏情境中小动物们为参加化装舞会做的事,建立起对化装舞会的基本认知框架。

1.入项活动:化装舞会的秘密。

教师组织幼儿完成了对"舞会的秘密"的调查,并讨论了化装舞会的特点,加深了对化装舞会的认知经验。之后,幼儿自由提问还想知道的有关化装舞会的其他事,并讨论了自己对化装舞会的设想与期待,内容呈现在KWH表中,为活动初步建立起方向与结构。

表 2-1-2-8 "化装舞会"KWH 表

我已经知道了什么 (Know)	我还想知道什么 (What)	我想运用这些知识解决怎样的 问题(How)
1. 化装舞会是很多人在一起跳舞。 2. 每个人参加化装舞会都需要打扮或者伪装自己。 3. 舞会上有好听的音乐。 4. 参加舞会可以和朋友聊天、吃美食。 5. 我们可以邀请别人来参加舞会。	1. 舞会上是随便怎么跳舞都可以吗? 2. 我可以穿自己喜欢的衣服吗?我可以穿动物的衣服吗? 3. 舞会只放一首音乐还是很多首音乐? 4. 我怎么邀请别人、让大家知道我们要开舞会呢?	1. 我想跳自己喜欢的舞蹈动作,但是我不会跳舞怎么办? 2. 我想穿一些特别的衣服参加舞会。 3. 有些音乐让我不太想跳舞。 4. 我们得告诉客人我们哪天在哪里开舞会。

2. 任务计划书。

经过前期讨论,幼儿对组织化装舞会的准备工作已经有了大致了解,随后自由组合成立了实践小组,并根据舞会的内容绘制了小组计划书,安排了每个组员的具体分工,内容有确定小组"化装"主题,设计、练习小组舞蹈,收集、欣赏、确定舞会音乐,设计、制作舞会宣传海报与邀请函,到幼儿园其他班级中宣传舞会摊位,邀请家长参加戏剧集市,和家长一起制作自己的服饰道具,等等。

图 2-1-2-51 制定小组计划

图 2-1-2-52 介绍小组计划

3. 合作实践学习。

【子驱动性问题一】怎么跳舞才能看起来不乱七八糟?

幼儿在初期模仿小动物体验舞会时,几个负责设计舞蹈动作的小朋友发现,每一组都存在着"跳得乱七八糟"的问题,而原课程中并没有提到小动物们是如何跳得好看的。于是教师引导幼儿展开讨论,幼儿提出了"会跳的人一起跳""模仿小动物跳""轮流跳",

以及"把动作记在纸上看着跳"等想法。

不同小组在各自选择了解决方法后,有的组员调查、收集了一些模仿小组主题事物的动作,并用"火柴人+箭头"的方法设计了简单的模仿舞,在小组讨论后形成了小组舞谱并投放在表演区,幼儿可以在区域时间看着"舞谱"跳一跳、练一练。有的小组将戏剧游戏"照镜子"和"动作四重奏"结合舞蹈动作,变成了"照镜子舞"和"舞蹈四重奏",让自己在游戏中大胆地跳、整齐地跳。

图2-1-2-53　自制舞谱　　　　图2-1-2-54　照镜子舞　　　　图2-1-2-55　表演区练习

【子驱动性问题二】怎么选出大家都喜欢的音乐?

在体验森林舞会的音乐游戏中,有幼儿反映只有一首曲子太单调了,应该用更多音乐吸引其他班的小朋友,因此在制定计划书时,小朋友们一致决定要找一些不同风格的音乐。经集体讨论后,由一名幼儿负责收集组员对音乐风格、节奏快慢的想法,并回家收集几首音乐后带回班级进行分享。教师鼓励幼儿在每首音乐中都试一试大胆地跳舞,并在音乐结束后用符号记录下自己对这首音乐的感受,由组内幼儿评价后选出一首最喜欢的音乐在舞会上表演,最终选出6首舞会的表演音乐。

林　　妈妈
2021/11/09 20:51

1.选了西班牙拉丁舞曲跳一跳

图2-1-2-56　收集音乐　　　　图2-1-2-57　感受音乐　　　　图2-1-2-58　评价音乐

【子驱动性问题三】怎么向别人介绍舞会,并邀请他们来参加?

戏剧集市中,幼儿都是在不同的班级摊位之间流动的,那化装舞会要怎么吸引其他幼儿参加呢?幼儿提出,"森林舞会"中的小动物都是被"邀请"参加舞会的,那我们要怎么去邀请小朋友和家长们来参加呢?经过讨论,幼儿运用绘制交通安全宣传画的经验,初步决定画一幅舞会宣传画。幼儿第一次画出的海报比较简单，画面上只有舞会时间与简单的花朵装饰，在使用这张海报在幼儿园进行预宣传时，其他班的幼儿反映"看不懂""信息太少"。得到评价反馈后，制作海报的幼儿在周末和家长一起去了温州大剧院，实地考察剧院宣传海报及入场券，在班级分享后，在教师帮助下，幼儿梳理出了信息表。

图2-1-2-59　参观大剧院海报

表2-1-2-9　宣传信息表

类　型	内　容	舞会宣传可以画……
海　报	主题角色、演出标题、时间、地点、装饰	跳舞的人、场地、布置的装饰、动物角色、幼儿园、闹钟、标题……
入场券	演出标题、时间、地点、座位、价格、注意事项	标题、闹钟、学号代表座位号、装饰、动物角色……

梳理信息后，幼儿发现还没有确定化装舞会摊位的地点，于是每一小组由一名幼儿收集组员想要去跳舞的地方与理由后组成了"舞池"考察小队，实地前往这几个预选场地进行观察评价，记录下自己在这些地方跳舞的感受。

表2-1-2-10　"舞池"意向表

我想在……	操场	小树林	表演区	足球场	多功能厅
原因	操场很大，可以大家一起跳	有小花小草做装饰很好看	跳舞也是表演，可以在这个区域玩	地方很大，还有草坪很舒服	地方很大，有大屏幕可以放图片装饰

经过实地的考察与体验，"舞池"考察小队对每一个场地都做出了评价，最终选出多功能厅作为举办化装舞会的场地，并开始设计布置方案。在方案设计中，舞池组的幼儿设想将场地布置成晚上的样子，要挂上彩灯装饰，还要用气球、彩带等装饰墙壁、柱子。设计想法通过后，幼儿开始在家中、幼儿园收集装饰材料，并在舞会的前一天和同伴、教师一起装扮场地。

图2-1-2-60 场地考察小队　　图2-1-2-61 场地评价记录　图2-1-2-62 场地布置设计图

　　确定了舞会的相关信息后,每组负责制作海报的小朋友收集了组员们喜欢的舞会名字,由班级全体幼儿投票后选出"旋转星星舞会"作为此次化装舞会的名字。接着,制作海报的幼儿聆听了组员们的设计想法,成立了宣传画小队,在教师帮助下分别制作了横版和竖版两幅海报,并给班级每一位组员都设计了一张舞会入场券,幼儿可以邀请一位家长持入场券参加舞会。

图2-1-2-63 设计宣传海报　　图2-1-2-64 制作舞会海报　　图2-1-2-65 制作舞会邀请函

　　【子驱动性问题四】要怎么给自己"化装"?
　　在森林舞会中,小动物们是给自己戴上面具化装。经过集体讨论投票,小朋友们一致决定要穿特别的服饰来"化装"。教师将"化装"想法的权利完全交给幼儿,由每组幼儿自己确定小组的化装主题,并根据主题设计自己的服饰。幼儿讨论后,形成了冰雪奇缘、森林动物、交通工具、海洋动物、花草精灵、王子公主共6个化装主题,每位幼儿都为自己设计了心中最有趣的服饰,并回到家中和爸爸妈妈一起收集材料、制作服饰。

（a）恐龙王子服装　　　　（b）小兔子服装　　　　（c）水母服装

图2-1-2-66　各式服饰

4. 成果展示。

（1）"旋转星星"化装舞会。

经过前期的一系列准备，幼儿满怀期待地迎来了班级化装舞会。在舞会中幼儿自信地穿着自制的服装走秀，和同伴一起跳舞，在欢乐的氛围中享用美食、交谈，彼此感受着参加舞会的乐趣。家长们也被孩子的热情感染，抛开拘谨和孩子们跳起了舞。

图2-1-2-67　森林动物组舞蹈　　　图2-1-2-68　摊位前合影　　　图2-1-2-69　邀请家长跳舞

（2）区域道具服装展。

幼儿在项目化活动过程中将自制的舞谱投放在表演区，在区域游戏时孩子们可以随意选取其中的动作跳一跳自己喜欢的舞蹈。而自制的服装一部分投放在表演区供作为道具，一部分展示在班级的戏剧道具制作区，作为服装制作的成品素材供幼儿进行参观学习。

图2-1-2-70　制衣小坊服装展

（3）项目回忆拉拉书。

舞会结束后周一回到班级，孩子们还是津津乐道地说着舞会的事，区域活动时还有幼儿把自己参加舞会的事画出来，于是越来越多的幼儿加入了这个队伍，教师便组织幼儿制作了"舞会拉拉书"挂在班级主题墙上，孩子们在餐前、餐后都可以分享自己的舞会故事。

图2-1-2-71　自制拉拉书

4. 多元评价。

（1）幼儿组内互评——自制评表。

表现性评价是基于观察的多样化的评价方法，观察幼儿是实施表现性评价的基础。项目化学习具有小组学习的特点，因此幼儿之间既是合作者，也是最直接的观察者。教师邀请幼儿在组内进行互评，有助于教师在项目活动中评价幼儿学习过程的表现。

（2）教师智慧云评——自制徽章。

教师依据前期的项目活动目标，通过"智慧云"幼师口袋的园所自制徽章库，在幼儿的成长记录管理中线上发放徽章，完成对幼儿整个学习过程的总体表现评价。

（3）家长线上参评——评价访谈。

基于"为了促进学习而评价"的目的，教师通过"家园联系栏"发布了家长评价工作。邀请家长根据评价量规对幼儿在项目化学习活动过程中的表现进行打分，通过家长的过程性评价来多方面地考察幼儿的认知与实践是否达到了活动目标的要求。

根据评价结果可以反馈出，班级幼儿在"化装舞会"活动后解决了驱动性问题，建立起了对化装舞会的基本认知与实践技能，对于个别还有待发展的幼儿，可以利用区域时间继续解决问题。评价中的中高分更多指向审美性、社会性的评价选项，如艺术表现能力、合作能力等，而中低分选项更多指向了探究性、技术性的评价选项，如逻辑思考、图文表达等，这为教师设计后续延伸活动方案，平衡个体发展差异指明了方向与思路。

三、实施建议

（一）个体、小组、集体三位一体学习

建议教师引导幼儿在个人调查活动的基础上开展小组合作活动，产生调查类、设计类、方法类等各种学习成果，并在不同项目小组之间以"专家"的身份互相介绍、传递学习经验，共通共享，互学互创。

（二）链接区域游戏，拓宽活动体验

建议在化装舞会的前期准备工作中，教师可以在表演区投放动作组幼儿绘制的"舞谱"以及表演服装、主持图谱等材料，利用区域游戏时间让幼儿学习、练习舞蹈动作，熟悉舞会礼仪,并尝试当小主持人来主持一场舞会表演,丰富幼儿的活动体验,满足幼儿的个性化学习需求。此外,教师还可以在美工区中投放多种装饰材料,供幼儿在区域活动时间设计制作入场券、宣传海报等。

四、活动反思

(一)幼儿在问题驱动下真实地学习

驱动性问题是有真实性的,成果也需要有真实性,因此教师要保证幼儿在项目学习过程中真实地思考。回顾本次以"化装舞会"为主题的项目化学习过程,教师全程以幼儿的视角梳理问题与任务,以幼儿的方法开展探索、收集与实践学习,创造出了"舞会""舞谱""海报""服装"等幼儿自己真实参与、设计创造的学习成果,保证了幼儿在学习中有所得、有所获。

(二)兼顾了幼儿个体与团体学习

项目化学习要同时考察幼儿个体和团体在学习中的进展,因此在本次项目活动中,教师引导幼儿通过小组学习活动产出了调查结果类、设计作品类、技能方法类以及活动类的各项成果,又通过个体学习产出了设计类与作品类的成果,同时,小组成果之间又是共通共享、互学互创的,保证了集体与个体的学习质量。

(三)为园本课程背景下的项目化学习提供新思路

本次项目化活动在实施过程中融入了园本"和戏"课程的戏剧元素,教师将戏剧游戏融入舞蹈学习,将道具制作融入舞会的材料准备,在"和戏"文化的育人理念与课程目标的指导下培养幼儿,为教师今后开展具有园本特色的项目化活动提供了新思路。

五、附录

表2-1-2-11　幼儿互评表

学号	评价内容			
	积极思考 大胆表达	主动合作 友好协商	善用符号 自主设计	乐于展现 自信舞蹈
1	♡ ♡ ♡	♡ ♡ ♡	♡ ♡ ♡	♡ ♡ ♡
2	♡ ♡ ♡	♡ ♡ ♡	♡ ♡	♡ ♡ ♡
……	……	……	……	……

家长评价问卷

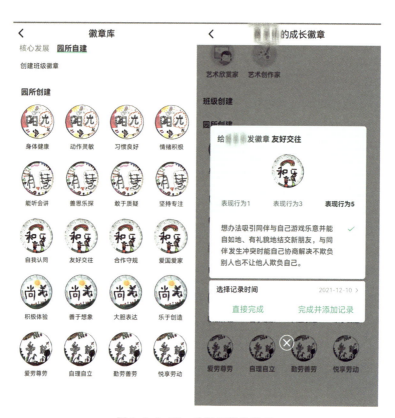

图 2-1-2-72　幼师口袋徽章库

游戏篇

啊呀！好玩的戏剧游戏

你见过游戏中的孩子吗？他们面带笑容、满眼是光，还时不时发出铃铛一般的笑声。在游戏中，他们是投入的，是自由的，也是快乐的。那么，当戏剧遇上游戏，又会发生什么神奇的事情呢？孩子们也许会变成一株魔法森林里的萝卜；也许会是大海里一条会唱歌的小鱼儿；也许还会是一个全身长满零件的机器人……在戏剧游戏里，每个孩子都有可能成为他们想象中的任何东西。于是，借助戏剧游戏的"魔法"，我们邂逅绘本，挖掘绘本中的主题、情节、画面、角色、语言等资源，"生长"出好玩的戏剧游戏，让幼儿真正成为游戏的主人。在一日生活的过渡环节，我们把时间和空间还给孩子，创设"戏剧游戏场"，通过"0道具""1道具""N道具"的游戏体验，保护幼儿的扮演欲望，满足他们的表演需要，创造条件促进幼儿戏剧游戏的发展，师生共同为实现"幼儿园以游戏为基本活动"的目标而努力。

第一节
戏剧游戏的园本创新实践

一、走进戏剧，"玩"戏剧游戏

日本学者井深大说："游戏是孩子的第二生命，是孩子的第一所学校。"游戏是儿童产生高级心理现象的重要源泉，是儿童社会化的重要途径。游戏也是幼儿的天性，是符合学前儿童年龄特点的一种独特的活动形式。而儿童天生就具有戏剧天性，他们乐于装扮成他人和他物，在头脑中幻想他人和他物的动作、言语和情感，用身体像他人和他物一样行动，感受周围世界的奇特和美妙，这种戏剧的学习方式，等于戏剧，又高于戏剧，被称为戏剧游戏。

在长期的实践中，我园借鉴戏剧教育界众多前辈的理论，通过一线教师的实践经验和教学积累，借鉴七类戏剧游戏：①放松游戏；②感知游戏；③模仿游戏；④造型游戏；⑤想象游戏；⑥控制游戏；⑦专注游戏。教师运用这些戏剧游戏，引导幼儿运用肢体与表情、声音与语言，进行感知、想象和表达，在教学活动及一日生活中带领他们走进快乐的戏剧游戏世界。

（一）放松游戏

身体与情绪进入松弛、平稳的状态，给幼儿一种"仪式"的感觉，使幼儿进入或走出虚构的戏剧情境。放松游戏可以作为戏剧活动的暖身游戏，也可以作为结束游戏。

【游戏名称】身体橡皮筋

【玩法】幼儿坐在一个合适的空间里，教师用语言提示幼儿：我们的身体就橡皮筋，可以慢慢拉动变长、变软、变化各种不同的造型。教师播放舒缓的音乐，幼儿根据教师的提示语做拉伸或舒展的动作。教师也可请幼儿躺下，进行全身拉动练习。

(a)身体变成了软软的橡皮筋　　　　　　　　(b)身体变成了弯弯的橡皮筋

图2-2-1-1　身体橡皮筋

【游戏名称】起床操

【玩法】教师带领全体幼儿在一个合适的空间里站立,让幼儿想象自己刚刚从睡梦中醒来:打打哈欠,伸伸懒腰,扭扭脖子,甩甩胳膊,撅撅屁股,踢踢小脚……还可以进行漱口等细节动作,放松全身,虽然是放松游戏,但最后还是要做一个有精神的造型。

图2-2-1-2　看看我们做的起床操!

【游戏名称】太阳下山了

【玩法】幼儿散点站立。教师说:"太阳下山了,小鸟回家了。"边说边摸幼儿的头,被摸到头的幼儿扮演小鸟飞回座位上休息;教师继续说:"太阳下山了,小熊回家了。"边说边摸幼儿的头,被摸到头的幼儿扮演小熊走回座位做休息状,依次直到全部幼儿回位休息。请幼儿闭眼,教师播放舒缓音乐,用"天黑了,小动物们都睡着了"的话语引导幼儿进入"太阳下山,小动物们回家"的情境。

　　图2-2-1-3　小熊回家了！　　　　图2-2-1-4　小兔下山了！

（二）感知游戏

　　在真实或虚构的情境里，调动视觉、听觉、嗅觉、味觉、触觉等多种感官去感受，表现出对周围世界的感知，从而增强幼儿的感官意识。

　　【游戏名称】盲人摸象

　　【玩法】幼儿两两一组，其中一位蒙上眼睛或闭上眼睛，由另一位搭档带领"盲人"在教室内走动。带领者可提示室内的环境及所在位置。(带领者一定要真心帮助"盲人"，而不能戏弄，以免发生意外。游戏时教师一定要强调这一点，以建立幼儿彼此间的信任感)带领者引导"盲人"在室内走动时，也要让"盲人"触摸室内一些不同性质的物品，比如海绵、餐具、木头。摸索完室内环境后，两人互换角色再进行一次。最后教师请幼儿分享自己做"盲人"时的感受。

图2-2-1-5　咦！我们摸到了什么

【游戏名称】背上的图形

【玩法】幼儿以开火车的队形,坐成一个圆圈。从最后一个幼儿开始,用手指轻轻地在前面幼儿的后背画一个简单的图形,前面的幼儿感知后往前传递,直至传回第一个幼儿,判断是否和最初的图形一致。

图 2-2-1-6　猜猜我们画了什么图形

【游戏名称】瞎猫碰见"响"耗子

【玩法】幼儿围成圆圈站立。两名幼儿站在圈内,分别扮演瞎猫和老鼠,"瞎猫"用手帕蒙住眼睛,"老鼠"可在手臂或腿上绑上铃铛。听见老师"开始"的指令后,老鼠在圈内跑动,瞎猫则依着声源开始在圈内捉老鼠,直到老鼠被捉到。然后换另外两名幼儿或调换角色。还可以改为"猫"和"老鼠"都带上会发出声音的东西,来捕捉或躲避。

图 2-2-1-7　快点来抓我

（三）模仿游戏

借助身体或声音对人或物的特征、运动过程及细节进行再现、复制，需要以细致的观察为基础。

【游戏名称】变脸

【玩法】让幼儿按摩自己的面部，就像平日里的"搽香香"或"干洗脸"，松弛面部肌肉，然后进行肌肉的收紧及放松扩张动作，比如做鬼脸、笑脸、哭脸；哭转笑、笑转哭、愁眉苦脸；着急、愤怒等。越夸张越好，甚至可以用双手来辅助做不同的表情。

图2-2-1-8　表情变变变

【游戏名称】敲锣打鼓放鞭炮

【玩法】幼儿自愿选择锣、鼓、鞭炮，将幼儿分成三组，各自模仿敲锣、打鼓、放鞭炮的动作，教师指向哪一组，这一组的人就要模仿相应的动作和声音，教师指向时可变换速度，时快时慢。

图2-2-1-9　鞭炮响了，噼里啪啦

图2-2-1-10　大鼓响了，"咚咚咚"

【游戏名称】动物模仿秀

【玩法】教师播放动物视频,展示不同动物的生活习性:捕食、走路、奔跑等,比如常见的狗、猫、兔子,还有猛兽类的狮子、老虎等,要求幼儿仔细观察动物的动作和神态。每观察一个动物,全体一一模仿,并做定格造型。模仿时尽可能和别人的不一样,比如,小狗会在地上用鼻子闻来闻去,不停地摇着尾巴,天气热的时候还伸出舌头;小兔子轻快地蹦跳几步后,会紧张地看看周围的环境,确定安全后再前进。

图2-2-1-11　动物模仿秀

(四)造型游戏

用肢体塑造人或物的静止形态,可以单人,也可以多人合作,增强幼儿身体的控制能力。

【游戏名称】石头剪刀布

【玩法】两人一组,用身体动作来进行"石头剪刀布"游戏。石头:身体收缩,双手收到胸前,握成拳头;剪刀:双手双臂伸直交叉放在胸前;布:双臂、双腿向四面打开,呈大字形。在游戏时要念出口令的同时做出动作。

图2-2-1-12　戏剧游戏"石头剪刀布"

【游戏名称】雕塑家

【玩法】幼儿2人一组分别扮演雕塑家和未成形的泥塑。扮演泥塑的幼儿或站或躺在地板上，任由雕塑家摆出造型。雕塑家在一定的时间内塑造出自己想要的造型，并做出说明。结束后，2人进行角色互换。待幼儿熟悉后，可进行多人组合造型。

图2-2-1-13　猜猜看，我们变成了什么雕塑

【游戏名称】水果拼盘

【玩法】先让幼儿互相交流自己喜欢吃的水果，然后教师在地面上划定一个区域作为果盘，幼儿在果盘里自由模仿自己喜欢的水果，或站或坐或躺，舒服地表现各种水果的形态特征，形成一个大果盘。

图2-2-1-14　水果造型游戏

（五）想象游戏

调动已有经验，联系新经验，进行加减、重组、转换，以创造出新的情境、角色和故事情节。

【游戏名称】手帕变变变

【玩法】每人一条手帕,教师让幼儿自由使用手帕,可以把手帕变成任何造型。之后,让幼儿想象自己手上的东西是什么、代表什么、有什么故事。比如,它长的什么样?脾气好不好?是大人还是小孩?是干什么的?有了角色以后,就可以鼓励幼儿进行情节创作,编故事。

图 2-2-1-15　戏剧游戏"手帕变变变"

【游戏名称】洗脸

【玩法】幼儿找到一个合适的空间站立,想象前面有一个洗脸池,自己将要洗脸。教师给出各种提示:水不热不冷,刚刚好;水很烫;水很凉;水太冷了。幼儿做出相应的符合提示的动作和表情。

图 2-2-1-16　不同水温的洗脸游戏

（六）控制游戏

在虚构的情境中，对身体运动的大小、轻重、速度、空间的把握，可以增强幼儿对身体相对性的控制。

【游戏名称】打地鼠

【玩法】教师请一名幼儿做打地鼠的人，其他幼儿做地鼠蹲在地上。地鼠要趁打地鼠的人不注意时，很快站起身再蹲下；打地鼠的人要趁地鼠站起来时，用软棒轻轻敲击头部，被拍到的地鼠暂停游戏，全部地鼠被打到后，游戏结束。

图2-2-1-17　打地鼠戏剧游戏

【游戏名称】忙碌的早晨

【玩法】幼儿闭上眼睛随意找空间躺下来，全身放松。教师播放闹钟的铃声，大喊："上学要迟到了。"然后，老师加快拍铃鼓的速度，提示幼儿赶快穿衣、刷牙、洗脸、吃早餐，幼儿出门以后发现忘了拿书包了，再回去拿书包。老师突然停止铃鼓说："今天是星期天。"看幼儿的表现。如果不能表现出来，教师可进行如下提示："可以继续睡觉、和小伙伴出去玩、听音乐、看电视，动作放慢。"

图 2-2-1-18 上学迟到了,我们要做什么呢?

【游戏名称】走一走,抱一抱

【玩法】教师使用铃鼓打节奏,请幼儿跟着拍子的节奏行走。教师跟着节奏念
儿歌"走一走,跟着铃鼓走一走;找一找,找个朋友抱一抱"。当教师铃鼓拍重音停
止的时候,幼儿要找个朋友抱一抱。可变换抱一抱的动作,例如转一圈、跳一跳、蹲
一蹲。

图 2-2-1-19 "走一走,抱一抱"戏剧游戏

(七)专注游戏

身体感官和情绪状态、语言与思维聚焦于某一专门任务,以便对人、物做出及时、灵
敏的反应,从而提高幼儿的注意力。

【游戏名称】做相反动作

【玩法】幼儿两人一组，一名幼儿扮演各种表情或动作(哭、笑、蹲下、向前走等动作)，另一名幼儿进行相反表情和动作的模仿。

图 2-2-1-20　戏剧游戏：相反的表情

【游戏名称】大西瓜、小西瓜

【玩法】这是一个反口令练习，当参与游戏的幼儿听到指令"大西瓜"的时候，幼儿的手要比划成小西瓜的形状；当听到指令"小西瓜"的时候，幼儿的手要比划成大西瓜的形状。如果想采取比赛的形式，每组可派代表上台，看谁坚持到最后，谁的注意力就最集中，反应也最敏捷。

图 2-2-1-21　反口令游戏"大西瓜、小西瓜"

【游戏名称】水果抱抱

【玩法】根据不同的指令,幼儿的动作有所不同:当喊口令的幼儿喊出"西瓜"时,胸前贴有"西瓜"图片的幼儿站起来;同样,喊"苹果"时,幼儿也相应站起来,重复2~3次,幼儿先熟悉自己是什么水果;再一次,当喊口令的幼儿喊出"西瓜抱抱"时,胸前贴有"西瓜"图片的幼儿,站起来两两抱一抱;同样,喊"苹果抱抱"时幼儿也找到相同的水果,站起来两两抱一抱;当喊口令的幼儿喊出"水果抱抱"时,所有的"西瓜""苹果"都找到相同的水果,并站起来两两抱一抱。

图 2-2-1-22　戏剧游戏"水果抱抱"

二、挖掘绘本,"创"戏剧游戏

(一)利用绘本创戏剧游戏的路径开发

绘本作为一种图文并茂的读物一直以来都深受孩子们的喜爱。绘本不仅仅是阅读资料,还蕴含着丰富的教育内容,是幼儿园重要的教育资源。温一幼自1989年来一直开展早期阅读的教改实践。2005年,幼儿园开始研究绘本阅读教学,经历了"绘本纯阅读—绘本体验式阅读—绘本主题式教学"3个发展阶段。自2016年开始,在原有绘本阅读的基础上,温一幼引入教育戏剧,形成"绘本+戏剧"的特色课程。在长期的实践中,围绕放松游戏、感知游戏、模仿游戏、造型游戏、想象游戏、控制游戏、专注游戏七种戏剧游戏类型,不断挖掘绘本主题、情节、画面、角色、语言等资源,以不同的路径开展好玩的戏剧游戏。

1. 利用绘本主题创戏剧游戏

学前儿童前阅读核心经验贯穿了从对绘本的感知到理解再到表达的全过程。因此，幼儿园以绘本主题活动的形式，围绕一个由绘本阅读引发的中心内容，组织开展一系列的教学活动，这些活动将幼儿各个领域的学习内容连接起来，形成综合性的经验。在主题开展的过程中，幼儿会不断形成不同的认知、能力、情感的经验积累。于是，教师就可以紧紧地抓住幼儿对主题的经验点，通过①想：回想绘本；②链：链接主题；③入：以入戏绘本的方式；④玩：玩转戏剧游戏，多角度、最大化地发挥绘本主题的教育功能，提升教育实效。

想　　链　　入　　玩

回想绘本　　链接主题　　入戏绘本　　玩转游戏

图2-2-1-23　利用绘本主题创戏剧游戏路径图

例如：绘本《鸡蛋哥哥》活动是温一幼基于完整儿童（中班）"我做哥哥姐姐了"开展的特色课程主题，该主题以绘本鸡蛋哥哥长大了的故事为载体，引导幼儿回顾自己的成长，激发他们主动参与活动并努力完成任务的意识，学会自我服务、自我控制和自我保护，从而感受成长的快乐。根据主题的核心价值，教师带领幼儿回想绘本的故事情节，并抛出问题"你喜欢鸡蛋哥哥吗？为什么？"来链接到主题的核心价值，并以入戏策略"扮演鸡蛋哥哥保护蛋壳"开展一系列的戏剧游戏，从而帮助幼儿在真实的情景中感受到成长的惊喜。（详见P126活动一：绘本戏剧游戏"护壳行动"）

2. 利用绘本情节创戏剧游戏

基于戏剧的表达及创作需要，我们会和幼儿通过收集、投票、分析的方式选择具有戏剧冲突且故事情节丰富、结构完整，并具备事件的开端、发展、高潮、结局等戏剧要素的绘本作为开展绘本戏剧主题的内容。在主题开展的过程中，我们以情节的发展进行分幕，并带领幼儿通过①进：进入情境；②演：扮演角色；③创：创演情节；④玩：边玩边演的形式打破"为了表演而表演"的传统观念，让每一位幼儿沉浸于戏剧情境中，以游戏的方式激发幼儿的表演天性，让他们在自由、快乐、放松的玩乐中对绘本情节进行重温和创作，提升戏剧素养能力。

图2-2-1-24　利用绘本情节创戏剧游戏路径图

例如:绘本《修理汽车》讲述的是一群好朋友一起去旅游,小鸭子、小鳄鱼、小松鼠、小象分别开着自己的爱车来找汤米。开着开着,砰!糟糕,小车发生了碰撞,汽车坏了!不能出去玩了,这可怎么办呢?这个时候,教师带领幼儿进入该情境中,并通过扮演各种修车工具还原了绘本情节,又通过合作修车的情境创演故事,游戏现场充满了想象力和创造力,孩子们玩得不亦乐乎!(详见P128活动二:绘本戏剧游戏"好玩的汽车修理工具")

3. 利用绘本画面创戏剧游戏

在绘本中,每一幅画都可以是一个场景,其中不仅蕴含着色彩美、构图美,还蕴藏着创造的乐趣。在绘本戏剧主题中,教师充分调动幼儿的感官,通过①观:观察画面;②构:重构画面;③合:合作游戏;④拓:拓展游戏,对画面进行细致的观察和身体造型的重构,从"静"到"动"的戏剧游戏,让幼儿随着想象力和创造力不断地变化出不同的画面,呈现出戏剧生长的姿态。

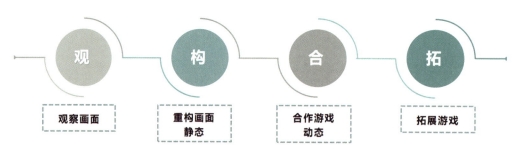

图2-2-1-25　利用绘本画面创戏剧游戏路径图

例如:绘本《跑跑镇》讲述的是小镇上不同的东西碰撞在一起后,重新融合成为一个"新"事物的故事,画面简单却动感十足,翻页是该绘本故事的特色。如画面中小猫和小鹰首先登场,他们"哒哒哒"地从黑色墙角一面跑过来,翻开下一页,则变成了他们撞在一起变成猫头鹰的画面。于是,我们根据画面特质,带领幼儿观察画面,并通过身体造型的方式重构静态画面;然后通过合作游戏动态表演"碰撞"的游戏;最后走出绘本,拓展身边其他事物的碰撞游戏。(详见P130活动三:绘本戏剧游戏"跑跑镇")

4. 利用绘本角色创戏剧游戏

在绘本中,故事赋予角色不同的生命力,任何角色不管是人物、动物、植物,还是一块石头、一片叶子,都能成为戏剧游戏中的"主角"。例如"神奇糖果店"的角色是动物,《风喜欢和我玩》的角色是风和人……于是,我们充分利用绘本中的角色设置、角色行为,通过①找:寻找角色;②析:分析角色;③定:定位角色;④创:创玩角色,让幼儿从旁观者变成参与者,以角色扮演游戏的方式亲身经历体验绘本故事。

图 2-2-1-26　利用绘本角色创戏剧游戏路径图

例如:绘本《妹妹的大南瓜》展现了兔子三兄妹春天种南瓜、秋天把南瓜搬回家的故事,绘本中的角色除了兔子一家,还有谁呢?幼儿在阅读绘本的过程中发现"南瓜"这一角色,并了解到角色的形象是圆圆的、胖胖的,角色的动作有"滚""转"等。于是,根据角色的形象和动作设计了戏剧游戏"南瓜转转转",让幼儿在角色扮演中更深入地了解角色,进而促进表演能力,帮助幼儿开拓想象力。(详见P131活动四:绘本戏剧游戏"南瓜转转")

5. 利用绘本语言创戏剧游戏

绘本故事的题材不同,所使用的语言风格也不同。有的活泼有趣,如《猜猜我有多爱你》;有的亲切感人,如《獾的礼物》;有的如诗如歌,如《亲爱的小鱼》;还有的朗朗上口,如《我的连衣裙》,绘本比纯文字的故事书更具优势,幼儿强烈的好奇心和求知欲能让他们想要接收和理解更多的语言。于是,教师根据绘本表现出的语言特质,通过①听:听绘本故事;②读:读绘本语言;③编:编绘本台词;④创:创戏剧游戏,让每个幼儿在玩中学、学中玩,来感受语言的无穷魅力。

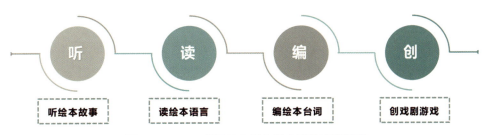

图 2-2-1-27　利用绘本语言创戏剧游戏路径图

例如:绘本《绵羊面包》讲述的是一个绵羊为小动物们做面包的故事。首先,孩子们通过听故事、读故事来熟悉绘本内容,感受绘本中"揉啊揉,揉啊揉,啪啪啪""滚啊滚,滚啊滚,骨碌碌""抢啊抢,抢啊抢,呼啦啦"等朗朗上口的语言。然后,教师带领着孩子入戏到绵羊角色中,并以模仿为基础,师幼模拟"做面包"的动作,创编台词,畅创玩戏剧游戏。(详见P133活动五:绘本戏剧游戏"绵羊面包")

(二)运用绘本创戏剧游戏的案例

活动一:绘本戏剧游戏"护壳行动"

绘本内容简介

绘本《鸡蛋哥哥》画面简单,充满童趣。绘本中的鸡蛋哥哥一点儿都不在乎小鸡弟弟长得比它大,它把自己藏进蛋壳里,不想出来,它希望永远拥有妈妈的宠爱,享受尽情玩游戏的权利。它避开所有可能破壳而出的危险,小心翼翼。可是,成长哪能一直待在舒适圈呢? 当它破壳而出的那一天,它突然发现"嗯,还不赖嘛!"长大其实也是一件很棒的事情。

绘本价值分析

1. 绘本能与幼儿成长产生共鸣。

《鸡蛋哥哥》是一本经典的成长系绘本,画面色彩鲜艳,人物形象既卡通又童趣,故事内容十分符合当下幼儿在成长过程中的心理特征。而绘本的主人公——鸡蛋哥哥,是一只不想长大的公鸡,它离不开自己的蛋壳,觉得它的蛋壳就是全世界,没了蛋壳的世界对它来说充满了未知和挑战。在现实生活中也有很多像鸡蛋哥哥这样对成长感到无所适从的孩子,幼儿在阅读时,很容易跟随着鸡蛋哥哥的成长经历,与自己的成长过程产生情感共鸣。

2. 绘本主题核心价值,可以引发幼儿游戏。

该绘本主题以接受挑战、勇敢长大为核心价值,我们可以通过戏剧游戏的方式提升幼儿能力。因此,我们以"鸡蛋哥哥在石林里遇到了什么困难"为引题,将绘本中的场景搬到现实中来,幼儿扮演鸡蛋哥哥,在控制游戏中想出各种办法保护蛋壳。此外加入"乌鸦"的角色提高游戏难度,通过专注游戏让幼儿躲避乌鸦袭击的同时,也要小心成长路上的"绊脚石"。我们希望幼儿能在还原绘本情境的戏剧游戏中,学会自我控制和自我保护,感知成长的不易并体验成长的喜悦。

关键词：成长、勇敢、自信、挑战。

游戏目标：

1. 回忆绘本内容，知道鸡蛋哥哥不想从蛋壳里出来的原因，萌发保护蛋壳的欲望。

2. 通过游戏，尝试用控制身体运动的速度及幅度的方式，表现"护壳"过程中的小心翼翼。

3. 感受保护蛋壳的不易，体验控制游戏的乐趣。

游戏准备：

高的椅子10张、小方块3个、大垫子2个、每人1件蛋壳。

游戏玩法：

1. 回想绘本：教师与幼儿共同回想绘本，教师提问："小朋友们，你们还记得绘本《鸡蛋哥哥》的故事吗？谁来说一说绘本里发生了什么事情？"

2. 链接主题：教师与幼儿通过轻松的谈话，互相分享这个故事喜欢的部分，并说一说为什么喜欢，通过链接主题及自己的成长经历，唤醒已有的经验。

3. 入戏绘本：幼儿穿上"蛋壳"，扮演鸡蛋哥哥入戏绘本，教师带领幼儿在"石林"中穿梭，进入绘本情境。

4. 玩转游戏：

（1）控制游戏：幼儿套上"蛋壳"，分成两队，依次通过由椅子、垫子、障碍物等组成的"石林"。在穿过"石林"的过程中，保护好自己的"蛋壳"不被撞坏。

（2）专注游戏：教师或者一名幼儿扮演"乌鸦"，站在起点线上用纸球袭击"鸡蛋哥哥"们。其余幼儿扮演"鸡蛋哥哥"，站在石林里躲避乌鸦的袭击，同时小心不要磕到"石头"。如果蛋壳破裂，则护壳行动失败。

观察要点：

1. 观察幼儿是否能控制自己身体运动的速度与幅度；

2. 鼓励幼儿表现出在护壳过程中的小心翼翼，感受保护蛋壳的不容易；

3. 引导幼儿在游戏过程中发现更多保护蛋壳的方法以及注意事项。

图 2-2-1-28　绘本戏剧游戏"鸡蛋哥哥"活动剪影

活动二:绘本戏剧游戏"好玩的汽车修理工具"

绘本内容简介

绝本《修理汽车》画面简单,整本书充满欢快的氛围。绘本内容非常生活化,是一个关于遇到问题、解决问题的故事,绘本中讲述的是好朋友们一起去旅游,小鸭子、小鳄鱼、小松鼠、小象分别开着自己的爱车来找小猫汤米。开着开着,砰! 糟糕,小车发生了碰撞,汽车坏了,不能出去玩了,小猫汤米是怎么解决这件事的呢?

绘本价值分析

1. 绘本能引发幼儿主动思考。

这是一本充满想象力的绘本,通过画面的线条和色彩的配合以及构图和形式,促进幼儿审美能力的提升,使幼儿轻松读懂故事情节和所要传达的信息,并得到身心愉悦。比如,小动物们在外出时,汽车撞坏了需要修理,我们该如何帮助它? 怎么样修理呢? 修理的工具有哪些呢? 这些都需要孩子们带着问题去思考。而情节生动有趣,正好激发了孩子阅读的动机和欲望。

2. 绘本可以引发幼儿想象力和创造力。

修理汽车的工具有很多,螺丝刀、锤子、钳子……这些工具提供给幼儿新的思维方式,促使幼儿将两个不相干的事物联系起来,通过寻找相关元素联想出新的事物。它激发了幼儿丰富的想象力,进而为幼儿创造性思维的发展奠定了基础。幼儿可以通过戏剧游戏中的肢体创编进行创作,肢体创编可以是个人的肢体创编,可以是组合创编,还可以是身体上的创编,具有广阔的想象和操作空间,游戏性强,对于培养幼儿的想象力和创造力大有裨益。肢体创编后幼儿需要介绍自己创编的工具,这个环节能够帮助幼儿清楚、准确、具体、形象地描述,有利于幼儿语言能力的发展。

关键词:创编、思维、想象力、快乐。

游戏目标:

1. 通过戏剧体验,了解生活中常见汽车维修工具的功能及用途;

2. 借助多元合作的形式,用肢体表现汽车维修工具在使用过程中的动态造型,并尝试与被维修物品进行肢体互动;

3. 在情境活动中,萌发对汽车维修工具的探索愿望。

游戏准备：

PPT、各种工具加背景音效的音乐、一个工具盒。

游戏玩法：

1. 进入情境：教师与幼儿一起进入游戏情境，教师提问汤米的工具盒里会有什么，用你的身体造型来告诉大家。

2. 扮演角色：教师先通过自身扮演坏掉的汽车来引导幼儿，一部分幼儿模仿老师扮演汽车，另外一部分幼儿扮演锤子。教师提问："汤米有了这么多锤子，一定可以快速修理好车子！(教师一边说，一边变成一辆后盖翘起的车)你们可以来修理一下我坏掉的车子吗？"

3. 创演情节：教师引导幼儿自由分配角色进行肢体创编，教师提问："汤米的工具箱里除了锤子，还有什么工具呢？"

4. 边玩边演：

(1)放松游戏：教师与幼儿围成圈，先观看工具箱的图片，邀请个别幼儿通过身体表演工具箱的道具，幼儿通过教师的指令，变工具—放松—变工具。

(2)造型游戏：幼儿自由创编修理箱工具，一个孩子扮演撞坏掉的汽车，剩余的孩子创编工具箱里的任意工具修理汽车。

观察要点：

1. 观察幼儿在游戏中是否大胆、清楚、流利地表达与尝试；

2. 鼓励幼儿除了用老师提供的图片进行创编之外，还可以用肢体创编进行游戏；

3. 引导幼儿学会观察画面，当幼儿创编出符合工具的动作时给予鼓励。

图2-2-1-29　绘本戏剧游戏"好玩的汽车修理工具"活动剪影

活动三：绘本戏剧游戏"跑跑镇"

绘本内容简介

绘本《跑跑镇》画面颜色丰富，充满想象力。绘本中的人们都喜欢"哒哒哒"地快速跑步，跑着跑着就免不了撞在一起，而且碰撞在一起之后就会变成新鲜事物：小猫和小鹰撞在一起，变成了猫头鹰；红宝石和苹果撞在一起，变成了大石榴；而老奶奶撞到了扫帚会变成什么呢？还有哪些奇妙现象呢？

绘本价值分析

1. 可以引发幼儿的想象力和创造力。

绘本《跑跑镇》是一本充满无尽趣味和丰富创意的绘本，故事在碰撞之间激发出无限创意、充满想象力，将两种完全不相关联的东西，随着"哒哒哒"的脚步声快跑、碰撞在一起后，重新融合成为一个"新"的事物。趣味化的拆解和再生成融合，让幼儿充满想象力和创造力。

2. 画面丰富，引发幼儿的观察，玩转碰撞游戏。

绘本画面丰富多元，角色主角均为拟人的动物或物件，与幼儿日常生活相近；加上其情节简单，通俗易懂，仅通过观察画面便能了解绘本内的大致内容，且故事内容富有变化性和挑战性，非常适宜大班幼儿对画面进行肢体创编再重构。幼儿可以用肢体动作对画面进行创作，自主模拟碰撞融合的过程，感受两者之间的相同与不同之处，借助有效的相同融合点，联想出两个角色碰撞后可能产生的变化，从而展现出完全不同的另一事物。

关键词：想象力、创编、碰撞。

游戏目标：

1. 逆向思考、大胆想象并能说说事物组成的可能性；

2. 大胆尝试用肢体动作进行创作，感受两个物体组合变化的新奇；

3. 在肢体合作创作中感受创作的乐趣。

游戏准备：

PPT、轻音乐。

游戏玩法：

1. **观察画面**：教师带领幼儿观察画面，教师提问："小朋友们，你们看一看这里有什么，他们发生了什么事？他们碰撞在一起怎么了？"

2. 重构静态画面：教师引导幼儿用自己的肢体去创编绘本中的事物，幼儿之间互相分享自己用肢体创编的事物，并说一说每个部位的名称。

3. 合作动态游戏：教师引导幼儿两两合作，一边念儿歌一边用自己的肢体动作去表现，教师提问："接下去，谁愿意和自己的好朋友一起来选择一个画面演一演呢？"

4. 拓展游戏：

(1)模仿游戏：幼儿两人一组，自主选择绘本画面中亟待出发的人物，分立两端站好。教师指向哪一组，这一组的幼儿便开始以模仿对象的动作出发，两两合作，组合成一个新的事物。

(2)造型游戏：在幼儿模仿动作结束后，选一名幼儿或教师入戏，手持魔术棒来当造型师，来对其组合的新事物进行点评和修改，挥动魔术棒佐以语言进行造型的修改，直至修改完成。

观察要点：

1. 观察幼儿是否能够运用丰富的肢体语言对绘本故事进行构建展示；

2. 鼓励幼儿大胆表达自己的想法，修改他人的造型；

3. 引导幼儿在绘本现有基础上对其他能合体变身的事物进行趣味再创作。

图 2-2-1-30　绘本戏剧游戏"跑跑镇"活动剪影

活动四：绘本戏剧游戏"南瓜转转"

绘本内容简介

绘本《妹妹的大南瓜》讲述了兔子三兄妹春种秋收的故事，画面颜色丰富，情节充满趣味性。兄妹三人在地里选了三棵南瓜秧来比赛，看谁种出的南瓜最大。因为哥哥们善意的"小隐瞒"，妹妹得以在比赛中获得了第一名，哥哥和妹妹都获得了各自的快乐。等大南瓜成熟之后,怎么样才能把大南瓜运回家呢？大家一起想办法帮忙运南瓜,同时也分享了收获的喜悦……

绘本价值分析

1. 绘本主题温馨,激发幼儿"感恩、互助、谦让"之情。

这是一个围绕兔子五口之家的温馨而有趣的故事,绘本封面上三只可爱、乖巧的兔子——三兄妹,他们表情一致,两眼闪着亮光,都直勾勾地盯着上方,满眼的憧憬和期待,愉悦的心情藏都藏不住。兔子一家是一个很和谐的家庭,两位哥哥特别友爱,他们永远让着、宠着自己的妹妹,全家人在一起其乐融融,一起经历挫折、享受收获果实的喜悦。故事让幼儿感受到一家人在一起的那满满的家庭温馨感,也知道了要"感恩、互助、谦让"。

2. 绘本角色亮眼,激发幼儿的扮演欲望和想象力。

绘本《妹妹的大南瓜》中,妹妹种的大南瓜作为本绘本的重点对象,它到底有多大？作者五次将大南瓜放在单页,而且还占据了整个单页的空间,在搬运南瓜的时候滚、转等画面,让幼儿眼前一亮,这种诙谐的构图方式,足够激发他们的欲望,让幼儿对南瓜这个角色产生兴趣。使幼儿在阅读的时候,对扮演南瓜这个角色跃跃欲试。

关键词:想象、造型、控制。

游戏目标:

1. 知道秋天南瓜成熟,会长出各种不同的形态;

2. 能借助图片,用动作表达南瓜各种形态并根据音效控制身体动作保持平衡;

3. 体验戏剧游戏的快乐,感受秋天丰收的喜悦。

游戏准备:

音乐、音效、草帽、各种南瓜形态图片。

游戏玩法:

1. 寻找角色:教师通过与幼儿通读绘本,寻找绘本当中除了兔子一家,还有什么角色;

2. 分析角色:幼儿通过阅读绘本,发现"南瓜"这一角色,从而分析"南瓜"的角色形象及动作;

3. 定位角色:根据幼儿对角色的分析,从而对角色进行定位,让幼儿在后续的创玩角色中加深角色印象。

4. 创玩角色：

（1）控制游戏：让幼儿扮演南瓜角色，听着音乐，学会控制自己的身体，让南瓜长一点停一下，再长一点再停下，最后变成大大的南瓜。例如，"那看看我的南瓜，拍一下会发生什么吧"，幼儿在听到音乐"咚"的声音之后，转一圈停住。

（2）肢体游戏：教师提问："你还想变什么样的南瓜呢？我们来变变看吧！"教师在引导幼儿通过观察不同的南瓜图片的同时，还要不断引导幼儿去利用自己的身体各个部位创编不同南瓜形态，体验肢体创编乐趣。

观察要点：

1. 观察幼儿是否根据音效控制身体动作保持平衡；

2. 鼓励幼儿大胆表达自己的想法，大胆表现自己的肢体创编；

3. 引导幼儿学会观察图片，利用自己身体的各个部位去创编不同的南瓜形状。

图 2-2-1-31　绘本戏剧游戏"南瓜转转"活动剪影

活动五：绘本戏剧游戏"绵羊面包"

绘本内容简介

绘本《绵羊面包》画面构图简单，内容趣味十足。小绵羊开了家小小的、漂亮的、可爱的面包店，为小动物们量身定做面包。好朋友们常常会来挑选自己喜欢的面包：大大的面包、小小的面包、长长的面包……咕噜咕噜揉成球，放入烤炉去烤吧；咕噜咕噜，烟囱冒出的烟变换着各种形状，香喷喷的面包出炉啦，好吃的绵羊面包做好了。

绘本价值分析

1. 绘本内容符合幼儿年龄特点及幼儿兴趣。

绘本《绵羊面包》的封面上是一只小绵羊戴着一顶厨师帽子,它快乐的笑脸很有感染力,给人一种温暖的感觉。绘本画风可爱,富有童趣;语言重复,富有节奏,内容浅显易懂,符合小班幼儿的年龄特点与具体形象思维特点,也正好符合他们现阶段的审美和语言的发展。

2. 绘本内容具有可塑性,能够激励幼儿主动学习。

在"基于儿童自然创作"下,以戏剧活动为载体,幼儿始于"感知"面团的超强可塑性,"模仿"以绘本语言为基础的儿歌学习和动作,完成面包的制作。

幼儿的成长过程就跟做面包一样,需要在面粉里加很多原料,有水、盐、酵母等;烤的时候不能心急;有时候同样的分量、原料做出来的却是不一样的面包。我们期望通过幼儿最喜欢的游戏方式,激励幼儿主动学习,让每个幼儿在玩中学,在学中收获成长,体验游戏的快乐。

关键词:表达、创作、体验。

游戏目标:

1. 尝试结合绘本中的语言,以"感知游戏""模仿游戏"的方式,呈现做面包的游戏体验;

2. 大胆创想,感受游戏的快乐。

游戏准备:

厨师帽、围裙、袖套、发酵好的面团一块、操作盘一个,自制烤箱挂饰。

游戏玩法:

1. **听绘本故事**:教师通过与幼儿共读绘本,使幼儿理解绘本的主要内容。

2. **读绘本语言**:教师与幼儿共同发现绘本中"揉啊揉,揉啊揉,啪啪啪""滚啊滚,滚啊滚,骨碌碌""抢啊抢,抢啊抢,呼啦啦"等朗朗上口的语言,并请幼儿尝试进行跟读模仿。

3. **编绘本台词**:幼儿入戏"绵羊"角色,师幼共同模拟"做面包"的动作,并进行台词创编。

4. **创戏剧游戏**:

(1)**感知游戏**:教师扮演绵羊面包师,向幼儿提问如何将面团做成一个小圆球;根据幼儿的回答,教师结合绘本中的语言示范揉搓面团,最终变成一个圆面团。幼儿用分到的面团尝试亲手制作圆面团,并在集体面前展示和分享做面团时的感受。

(2)**模仿游戏**:幼儿跟随绘本中从面团变面包的整个制作流程,挂上自制的烤箱挂饰,结合绘本中的语言,边念儿歌边做"揉""滚""抡""卷"的动作,最后取出烤箱挂饰里的面包完成制作,向同伴展示自己的成果。

观察要点：

1. 观察幼儿是否能用"揉""滚"的动作独立制作圆圆的面团；

2. 鼓励幼儿大声地念出绘本中语言精练的做面包儿歌；

3. 引导幼儿徒手用动作做出制作面包时需要的"揉""滚""抡""卷"的动作。

图2-2-1-32　绘本戏剧游戏"绵羊面包"活动剪影

第二节
戏剧游戏场的自主性开展

《3—6岁儿童学习与发展指南》指出："要珍视幼儿游戏和生活的独特价值,创设丰富的教育环境,合理安排幼儿的一日生活。"因此,基于园本课程背景,我们将儿童参与过的戏剧游戏渗透到幼儿园一日活动中,在餐前、餐后、课间、离园前,形成我园独有的戏剧游戏场。该设计的创意来源汲取了电视节目"超级变变变"创意表现形式,并结合当下七大类戏剧游戏,开展童创:"戏剧游戏场的建构",在班级中创设戏剧游戏材料站,投放一些生活性、可变性的戏剧游戏材料,如丝巾、笔、魔法棒等;童玩:"戏剧游戏场的体验",让幼儿自主选择材料开展"0道具""1道具""N道具"戏剧游戏活动,通过个性化的学习和发展,促进幼儿创造表达能力的发展。

一、童创:"戏剧游戏场"的构建

(一)幼儿选择戏剧游戏场地

戏剧游戏场的场地设置在哪里最合适? 教师组织幼儿进行场地的讨论,有的孩子说在走廊,有的说在露天阳台,有的说在操场……经过讨论,大家决定举办一场民主投票会,最终决定将票数最高的四个地点作为戏剧游戏场的举办地,并纳入计划表中。

表 2-2-2-1　温一幼锦江园区戏剧游戏场安排表

班级时间	周一	周二	周三	周四	周五
大一班	二楼多功能音乐室	一楼操场	三楼花园	一楼中空	大一班教室
大二班	一楼中空	三楼小花园	二楼多功能音乐室	四楼露天平台	大二班教室

(二)幼儿创设材料收集站

什么样的材料最适合做游戏道具?道具材料的选择不仅要简单,还要多变。于是大家挖掘生活中适合做戏剧游戏道具的材料,将低结构、生活化的材料收集起来带回教室,有大塑料袋、旧披风、旧 T 恤、围巾……通过收集与介绍,幼儿把相同的材料进行分类并摆放到架子上,取名"材料收集站",为接下来戏剧游戏的体验奠定了物质基础。

图 2-2-2-1 戏剧游戏材料收集站

二、童玩:"戏剧游戏场"的体验

(一)创玩"0"道具戏剧游戏

"0"道具戏剧游戏指幼儿不借助于任何道具,运用身体或表情符号等表达对周围世界的认识。例如运用身体动作表现某一物体,让其余孩子猜一猜的戏剧游戏;按照指令运用动作表情表现相应的要求等。

游戏案例 1:"捏'面团'"

适合年龄:4—5 岁。

游戏准备:"0"道具。

游戏玩法:幼儿两两合作,一方扮演捏"面团"的人,另一方扮演"面团"。捏的人可以随意给"面团"做任何造型,而"面团"不能自己行动,要完全听从同伴的"摆布",剩下的人猜猜摆出的"面团"造型是什么。

图 2-2-2-2　戏剧游戏:捏面团

　　游戏作用:此活动中,捏"面团"的人运用想象,对"面团"进行肢体造型上的创作,而扮演"面团"的人发挥了自己身体跟随指令方向的敏感性。

游戏案例2:"鞭炮"

　　适合年龄:3—6岁。

　　游戏准备:"0"道具。

　　游戏玩法:在阅读中,找寻一本幼儿感兴趣的绘本或者选择其中的一页内容,用声音表现出某一情境,也可选择生活中看到的事物、想到的事情进行声效创编。

图 2-2-2-3　戏剧游戏:变鞭炮

　　游戏作用:声音的模仿在戏剧游戏中有着一定的难度,但是对于幼儿来说,这是此活动中最感兴趣的部分,游戏能提高幼儿的想象力和表演能力。

游戏案例3："照镜子"

适合年龄：3—6岁。

游戏准备："0"道具。

游戏玩法：在这个游戏中，幼儿两两一组，面对面站好，幼儿A表演照镜子的人，幼儿B扮演镜子中的人，两两相对，A做什么动作或表情，B就模仿A的动作或表情。

图2-2-2-4　戏剧游戏：好玩的镜子

游戏作用：照镜子游戏能让幼儿学会观察和模仿，特别有利于培养幼儿的专注力。

（二）创玩"1"道具戏剧游戏

"1"道具戏剧游戏指幼儿借助一种生活道具而进行的戏剧游戏创作活动。例如使用道具一支笔、一把椅子、一个铃鼓等。

游戏案例1："快乐变变变"

适合年龄：4—5岁。

游戏准备：每位幼儿一支笔。

游戏玩法：教师手拿一支笔，告诉幼儿这支笔可以变成任何想变的东西。然后把这支笔想象成一个魔法棒，做魔法棒变魔法的相应动作，让幼儿猜这支笔变成了什么？幼儿猜对后，问幼儿这支笔还可以变成什么？以此请幼儿拿这支笔做一做动作，让大家猜一猜。

图 2-2-2-5　戏剧游戏:我的身体变变变

游戏作用:此游戏活动中,幼儿借物想象,借助道具运用肢体进行表达创作。其他猜测的幼儿通过对造型的观察、理解,不仅可以提高其对事物的观察能力,同时可以增强对事物的想象力。

游戏案例2:"丝巾百变秀"

适合年龄:3—6岁。

游戏准备:五颜六色的丝巾。

游戏玩法:幼儿手拿一条丝巾,可以将丝巾变成任意喜欢的物品,例如:戏剧表演的衣服、舞台的幕布、表演的道具。想象完成后,幼儿可以独自或与同伴组合进行戏剧游戏或是戏剧表演。

图 2-2-2-6　戏剧游戏:丝巾的变身魔法

游戏作用:此活动中,幼儿将道具想象成任何自己想要的物品进行戏剧游戏,在游戏过程中,充分发挥了幼儿的想象力,以及提高了幼儿的戏剧表现力。

游戏案例3："好玩的帽子"

适合年龄：3—6岁。

游戏准备：一顶帽子。

游戏玩法：幼儿围成圆圈,圆圈中间放一把小椅子,上面放置一顶帽子,如:妈妈的帽子、警察的帽子、护士的帽子。游戏开始,幼儿随音乐绕圈走,音乐停止后,幼儿立刻去抢一个帽子,并戴上帽子,成为帽子的角色,做一做该角色的动作。

图2-2-2-7　戏剧游戏:好玩的帽子

游戏作用：此活动可以锻炼幼儿的反应能力,同时调动幼儿的已有经验,幼儿根据自己对角色的认知进行人物模仿,提高幼儿的模仿能力。

(三)创玩"N"道具戏剧游戏

"N"道具戏剧游戏指幼儿借助两种及以上道具进行的创造性戏剧游戏。例如使用多种道具进行角色扮演游戏等。

游戏案例1："我是小导演"

适合年龄：4—6岁。

游戏准备：各种游戏材料。

游戏玩法：两人一组,一人选择材料将另一同伴装扮成一个角色。并向大家介绍他的名字、年龄(孩子还是成人)、性别、职业(做什么)、好人还是坏人、人生经历等。结束后再由下一组幼儿继续进行游戏。

图2-2-2-8　服装戏剧装扮

　　游戏作用:在此游戏活动中,幼儿发挥想象力用材料装扮同伴并赋予他人角色,通过对同伴角色背景、地位、态度及动机的想象,在过程中练习语言叙说的表达能力。

游戏案例2:"我是厨师"

　　适合年龄:5—6岁。

　　游戏准备:各种游戏材料(自制厨师帽、自制厨师服等)。

　　游戏玩法:可多人一组,一人选择厨师所用的游戏材料装扮成厨师,做一些厨师相关的工作;或者讲解菜谱,让其他人去猜一猜。结束后再由下一个幼儿继续进行游戏。

图2-2-2-9　戏剧游戏场

　　游戏作用:在此游戏活动中,幼儿发挥想象力用材料装扮自己,在了解了厨师这个职业角色背景的同时,表达能力也得到了提升。

生活篇

咂巴一下,生活有戏味儿

新春开学，门口一群"小·虎崽"朝你迎面而来，虎虎生威；做操啦！我们把猴子学样的故事编到了操节里；餐后小·时光，选好游戏超市小·材料，开心剧场开始啦；戏剧节时，各个班级的孩子精心打扮，铺开了有趣好玩的集市小·摊……

一日生活皆教育。儿童戏剧的表达是基于生活经验的速写，而幼儿园的一日生活又提供了儿童充分体验、自由表达的戏剧意象空间。我们力求让戏剧元素融入幼儿园一日生活之中，从儿童经验出发，选择身边熟悉的事物和问题，梳理和再构儿童的生活学习经验，促进他们的社会性情感及学习品质的发展。

戏剧融入幼儿园一日生活的设计

　　温一幼园本"和戏"课程将戏剧元素融入幼儿园一日生活，从幼儿视角出发，探寻真正适宜幼儿的戏剧生活化活动。教师引导幼儿主动发起活动主题，师幼共同建构活动方案，积极利用园内、园外的各方资源，幼儿、教师、家长全方位参与。戏剧融入幼儿园生活的活动有多种呈现方式，主要有每日玩剧汇、每月达人秀、每年戏剧节三种形式，以每天、每月、每年的时间轴呈现出生活中有戏、戏中有生活的图景，让每一个孩子的童年生活充满戏味。

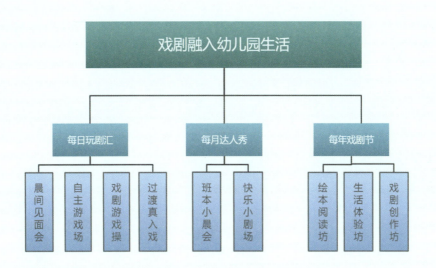

第一节
每日"玩剧汇"的设计与运作

每日"玩剧汇"：时刻玩出新戏法

"玩"是孩子们的天性和学习方式。每日"玩剧汇"意在让戏剧元素融入幼儿园一日的各个环节,以"玩"的游戏化形式,让幼儿在愉悦的、充满想象力的戏剧情境中促进师生互动、同伴交往,实现玩创乐学、身心愉悦。

一、设计原则

（一）戏剧性

戏剧元素融入幼儿园一日生活。"玩剧汇"提供给幼儿自主多元的戏剧创造空间,优化一日生活中各个过渡环节,譬如戏剧操节的安排,将戏剧元素融合操节,使热身环节变得有趣、生动,且符合学前儿童的年龄特点;每日"玩剧汇"的活动以戏为载体,凸显戏剧魅力,以幼儿为戏剧主体推动活动的戏剧性设计,激发幼儿个性化的戏剧体验和表达。

（二）游戏性

《3—6岁儿童学习与发展指南》提出,要珍惜游戏和生活的独特价值,满足幼儿通过直接感知、实际操作和亲身体验获取经验的需要。每日"玩剧汇"的开展,将生活归还给每一位幼儿,回归幼儿当下最自然、生动且独立自主的游戏状态。而戏剧的无限可能又帮助幼儿深度感受、发现和探索"玩剧汇"的游戏乐趣。

（三）互动性

在每日"玩剧汇"中加强师幼互动、幼幼互动，积累新的戏剧活动想法和资源。师幼互动不仅能够帮助幼儿提高戏剧体验、表达、创造的能力，其语言表述、肢体动作和情绪表达的能力也能够得到相应的提升，当然幼幼互动的同时会出现戏剧活动的矛盾点，在已有的社会交往策略中，幼儿运用已有经验，将在与同伴互动的过程中校正、吸纳、调整社会交往的策略，这能促进幼儿社会性发展及对情绪情感的认知、体验和表达，不断完善个体的社会互动能力。

（四）自主性

教师始终尊重幼儿的思考和需求，在游戏操节中以科学的角度给予适宜的指导和帮助。小、中、大各年龄段根据本班幼儿发展规律，以及运动量的实际需求进行个性化的编排，融入队列变化、戏剧游戏、音乐表演、器械道具等方式。戏剧游戏内容注重童趣，体现自主、宽松、愉悦的儿童观；早操动作难度适宜，符合幼儿年龄特点，促进幼儿动作发展。

二、内容组织

戏剧活动灵活、多变的特点，十分符合一日生活"玩剧汇"的需求，分析一日生活各个环节的特点，依据时间、空间的不同匹配适宜的"玩剧汇"形式，注重幼儿在活动中的多元体验。

表2-3-1-1　一日生活"玩剧汇"安排表

一日环节	玩"剧"环节	玩"剧"形式
8:10—8:30	晨间接待	主题式约定 选择主题并约定互动的方式
9:00—9:30	自主游戏场	元素对应 观察反应与自己相对应的特征
		入戏行动 角色扮演进行生活活动
9:30—10:00	戏剧游戏操	角色扮演 跟随音乐变化扮演的角色形象
		肢体创编 运用自己的身体创编不同的肢体状态

续表

一日环节	玩"剧"环节	玩"剧"形式
10:45—11:05	过渡真有趣 餐前、餐后活动	台词创编 选择自己喜欢的角色创编相关的台词
		肢体创编 运用自己的身体创编不同的肢体状态
		绘本体验 拓展多样态的绘本阅读体验
		建构空间 运用身体建构不同的场景空间
		剧本绘 幼儿自己绘画知道的或创编的故事
		个性漫步 饭后用不同的走路方式散散步
		绘本创想 根据已有的绘本进行不同形式的故事表演
16:00—16:45	过渡真有趣 离园活动	找不同 和小伙伴互相检查离园前的准备情况
		角色扮演 跟随自己的想象变化扮演的角色形象

三、具体实施

(一)晨间见面会

1. 实施要点

晨间见面会有个体互动较多的环节,可以做约定式的游戏活动。在正式开展前与幼儿共同制订要求,做好每日的约定。主题式约定以当前主题或幼儿兴趣点为中心,互动式地带动表情、肢体,根据不同的角色特点、故事情节进行师幼、幼幼的晨间接待。幼儿在尝试中体验和创想不同的声音,与老师、小伙伴打招呼,自编自演不同的角色。晨间见面会运用戏剧的形式,增添趣味性,同时培养幼儿的社会交往、情绪情感表达及戏剧中语言、肢体的控制和想象能力。

2. 实施路径

确定主题—语言融入—肢体创编—场景表达。

幼儿通过生活经验确定主题,将情境语言融入主题模式,并选用匹配主题的形象(表情、动作)进行肢体创编,最终呈现在生活化的场景中。

案例1

"合家欢"子主题——"朋友亲"

孩子们想出了生活中各种各样特别的声音,有响亮的,有开心的,有兴奋的,还有的像小宝宝一样打招呼,或者像老人一样的声音。选定自己喜欢的声音后,就融入打招呼的语言。根据自己的声音特点,孩子们的表情随着声音的变化而变化,还加上了很多肢体动作,如小宝宝可爱卖萌的挥手动作、老人弯着腰的样子。每一天的晨间接待,我们都可以听到各种各样打招呼的声音,使晨间见面充满了乐趣。

图2-3-1-1 孩子们用不同的声音打招呼

(二)自主游戏场

1. 实施要点

在自主游戏场中,就地取"材"。"材"指戏剧元素,"就地"也就是基于当下的状况。当然,除了可见的"材",还需唤醒幼儿对自己的认识,这属于自我评价中的"材"。幼儿根据主题或绘本中有趣的形象,自主选定角色,主动成为自己喜欢的角色,以角色的状态行动、交流、情绪表达,进行如厕、盥洗和饮水等生活活动,同时依据主题、绘本、生活中的场景进行角色的入戏行动。

"玩剧汇"尊重每位幼儿的成长规律,帮助幼儿在一日生活的过渡环节获得愉悦情绪,避免消极等待让幼儿觉得无所事事,同时以具象的、游戏化的戏剧活动培养幼儿的戏剧素养。

2. 实施路径

角色认知—自主选角—角色扮演—入戏行动。

通过阅读绘本、营造生活情境帮助幼儿认知角色,增强幼儿的角色意识,从而使他们愿意尝试扮演不同的角色,并在不同的生活情境中变化角色的状态。

案例2

绘本《我家是动物园》让幼儿认识了很多小动物,同时帮助他们唤醒了其他绘本及生活的经验。除了扮演《我家是动物园》里的小动物,幼儿还变成了尖尖嘴的老鼠、爱吃香蕉的猴子、爱打扮的狐狸……尖尖嘴的小老鼠弓着背排队,小猴子歪着脑袋提醒前面的小动物,还有穿着仙女裙的狐狸优雅地走进盥洗室,幼儿尝试不同角色的行动状态。

图2-3-1-2　不同小动物排队进盥洗室

(三)戏剧游戏操

早操是幼儿园户外活动的一种重要形式,能较好地促进幼儿的身心发展。但是大多数幼儿园传统的早操形式单调、动作以模仿为主、机能强度不够、均衡性和灵活性相对缺乏,均不能让幼儿的动作发展得到锻炼。究其原因是教师忽略了以儿童为主的教育理念,缺失了儿童的主动参与性,以及师幼、幼幼之间的有效互动。早操游戏化不仅能发展和锻炼幼儿的骨骼、关节及大肌肉群,培养正确的身体姿态,还能发展幼儿的柔韧性、力量、灵敏度等,帮助幼儿树立积极参加身体锻炼的良好态度,使幼儿养成有规律的生活习惯并终身受益。结合温一幼的戏剧游戏,将戏剧元素渗透在早操环节中全面实施,有利于培养"阳光·有慧·和乐·尚美·爱劳"的未来儿童。

戏剧趣味操是教师与幼儿共同确立一个主题,采用戏剧游戏的形式,融入音乐的选取、器械的运用、动作的编排、队形的变换和规则的制定等,形成以幼儿为主体、戏剧游戏为载体,发展幼儿身体健康为目标的生活环节。

1. 由音乐欣赏引发戏剧游戏创作

戏剧游戏操需要音乐作为支撑,两者之间有着密切的关系,音乐可以推动游戏发展,还可以让游戏变得更具吸引力和鲜活性,这样幼儿就可以全身心投入戏剧游戏中,而且在游戏过程中,幼儿还可以通过欣赏、感受音乐来加深对游戏情节的理解,做出相应的肢体动作等,这可以让幼儿在音乐氛围中发挥自身主动性和创造力,在游戏中体会到愉悦感和成就感,从而促使戏剧教育发挥出更大的效用。

案例3

大班戏剧游戏操"我的游戏我做主"

实施班级:大一班

内容简介:

音乐欣赏:教师在组织幼儿的音乐欣赏活动之前,应先从两方面深入分析音乐作品。一方面对音乐的形式表现手段如节奏节拍的特点、旋律的进行形态、曲式结构、力度速度进行分析;另一方面对音乐所表现的内容与情绪情感进行分析,对音乐作品做出合理的评价。然后师幼共同欣赏音乐,幼儿通过倾听音乐对作品进行感受、理解和初步鉴赏。

　　游戏融入：欣赏完音乐后，幼儿分享自己由此想到的游戏，如开火车、老鹰抓小鸡、一二三木头人。幼儿在讨论中，展开一次次的游戏实践。在实践和游戏选择中，教师需要提醒幼儿考虑游戏的安全性和与音乐的匹配性，以及游戏中的运动量。经过一次次的自主游戏实践，幼儿投票推选出一二三木头人造型游戏。

　　场景想象：在此环节中，幼儿分享自己喜欢的绘本中的各种场景，当出现分歧时，则通过投票的形式，最终选出了《小瓢虫听见了什么》《我的情绪小怪兽》《三只小猪》《菲菲生气了》4本绘本。经过幼儿对心仪绘本的投票，幼儿被分成四小组，小组里的每位幼儿阅读、讨论和选择绘本中的角色，并以绘画的形式画出自己的游戏场景。

　　整体编排：幼儿根据所选绘本的场景和角色需要自主分配角色，在一次次游戏中进行商讨和改进动作。戏剧游戏操在他们的一次次讨论和实践中，变得有趣、好玩，在音乐中，幼儿能更投入自己所扮演的角色，在游戏中也玩得更加起劲。

　　素材准备：

　　前期经验准备：幼儿能熟悉各种戏剧游戏的玩法。

　　操节音乐：欣赏戏剧游戏音乐。

　　游戏玩法：

　　(1)每组幼儿选定一本喜欢的绘本，并进行讨论和角色分配；

　　(2)幼儿根据音乐的节点，做出绘本中相应的角色动作；

　　(3)当节点音乐停顿时，幼儿能够根据绘本中的角色保持不动。

图2-3-1-3　"我的游戏我做主"活动现场

　　2. 由戏剧游戏匹配音乐元素

　　教师根据幼儿喜爱的戏剧游戏进行操节编排时，需要先对各游戏元素进行提取，引导幼儿对片段式游戏元素进行体验，等到幼儿基本了解了故事内容和主要人物之后，教师就可以和幼儿一起选择背景音乐。教师可以让幼儿聆听几个音频片段，然后让幼儿进行讨论，之后表述自己认为哪段音频和游戏内容最为契合，将选择次数最多的音频作为游戏音乐备选对象。

案例4

大班戏剧游戏操"武松打虎"

实施班级：大二班

内容简介：

戏剧游戏：故事《武松打虎》导入游戏，游戏中借助"照镜子""雕塑家"等戏剧小游戏提升幼儿肢体动作。

元素提取：通过观察和幼儿们的选择，我们提取了《武松打虎》中根据音乐做动作和武松对阵老虎的环节作为游戏的主要内容。

音乐匹配：根据所选游戏元素的特点，我们选取了合适的音乐进行匹配。

整体编排：根据幼儿在游戏过程中的兴趣，教师提取了"听音乐做动作""武松打虎"这2个元素作为操节主干，并辅以"讲八卦"策略以及融入队列变化将各环节进行串联。形成了"老虎来了→奔走相告→列阵出行→武松打虎→乘胜追击"的新"武松打虎"游戏路径。

素材准备：

前期经验准备：阅读过《武松打虎》，玩过《武松打虎》的游戏操节音乐。

游戏玩法：

（1）幼儿根据音乐节奏，奔走相告"老虎来了"的消息；

（2）在"武松"带领下，幼儿列阵出行；

（3）幼儿建构武场，武松打虎；

（4）幼儿乘胜追击，在音乐结尾处摆出造型并定格。

图2-3-1-4 "武松打虎"游戏现场

3. 由绘本阅读捕捉戏剧场景

绘本不仅可用于阅读,还能运用到幼儿创意戏剧游戏中,具有其他纯文字故事所不具备的独特优势。绘本能激发幼儿表演和游戏的兴趣,能为戏剧游戏提供丰富的表演素材,能让游戏充满创造性和想象力。

要让幼儿了解绘本内容和主要场景,例如,表演"好饿的小蛇"之前,就要引导幼儿阅读剧本,了解剧本讲述了一个怎样的故事,故事中都有哪些主要人物和场景特色,这是进行舞台表演的基础。

案例5

小班戏剧游戏操"好饿的小蛇"
实施班级:小一班

内容简介:

绘本阅读:绘本的内容要贴近幼儿的生活经验,最好是幼儿熟悉的、已经感受和体验过的事情。绘本画面和颜色鲜艳会吸引幼儿的注意力,绘本内容情节还要符合幼儿的年龄特征,如针对小班幼儿,选择绘本《好饿的小蛇》。

场景想象:贪吃蛇游戏是幼儿很喜爱的一个戏剧游戏,由教师扮演蛇,幼儿们扮演各种小动物,当蛇去吃小动物们时,小动物要蹲下来保护自己,当被蛇吃掉时,小朋友要成为蛇身体的一部分。小班幼儿在游戏时常常会运用自己已有的经验,《好饿的小蛇》就让幼儿联想到了之前玩的贪吃蛇游戏,于是用《好饿的小蛇》作为游戏情境,让幼儿来扮演绘本中的角色进行游戏操。

元素提取:师幼共同回忆绘本中好饿的小蛇吃了哪些水果,这些水果有什么特点,请幼儿用自己的身体来表现这些水果。根据小班幼儿年龄特点,教师可以将各种水果单独呈现在幼儿面前,让他们观察水果的形状,或圆或长,或带刺或平滑。再从一人表演慢慢过渡到多人合作,逐渐丰富幼儿的肢体表现。

整体编排:在游戏操节过程中出现了个别幼儿很想被"小蛇"吃掉,成为小蛇的一部分;也有幼儿怕被吃掉,蹲下来后就不再恢复水果造型,那些不想被吃掉的水果宝宝一直蹲着,没有游戏参与感。

于是本来由老师扮演蛇开始游戏转变为直接由幼儿扮演,解决了个别幼儿站着不参与游戏的情况。针对水果造型难躲避问题,幼儿提出蛇来的时候可以变成其他单独的水果蹲下。同时,教师也参与到幼儿的游戏中,从而增添游戏乐趣。

素材准备:

前期经验准备:认识绘本中出现的各种水果的特点操节音乐。

游戏玩法：

（1）水果变变变，当音乐响起时，幼儿随意走动；当音乐停止的时候，幼儿们要变成水果宝宝定格住不动；

（2）好饿的小蛇来了，游戏音乐开始时，老师先扮演好饿的小蛇，幼儿扮演水果。小蛇来吃水果的时候，水果要蹲下来保护自己；小蛇离开后，水果要恢复成原来的样子，被吃掉的水果，变成小蛇的一部分。

图 2-3-1-5 "好饿的小蛇"游戏现场

（四）过渡真有趣

1. 实施要点

教师应当科学地创设"玩剧会"活动，在过渡环节设计舒适的"玩剧会"活动及愉悦的氛围，合理地让幼儿进行自主化的戏剧活动。满足幼儿推动情绪氛围、环境创设及时间空间的需求，因此有更多类型的玩"剧"会形式被探索和实施。幼儿可以成为某角色形象，通过塑造角色引发肢体创作，或是幼儿自定主题设计情节、空间引发肢体创作；或走进大型的阅读区域，孩子们自主地选择阅读绘本，通过对不同绘本中故事情节、人物角色、情绪氛围、空间样态的读取，教师辅助幼儿与同伴开展分享，有情节故事介绍、人物角色猜猜乐、不同情绪的情节对应以及空间描述式建构。孩子们同样可以自选主题，成为某一角色，在某一空间，开展遇见某些人和事物的漫步活动。

　　绘本延伸出的多样"玩剧会"，让幼儿有选择、有机会、有思考地与他人共享并不断丰富自我的戏剧素材库。通过"玩剧会"的方式帮助幼儿进行生活自理的学习，师幼、幼幼之间的互动交流，帮助幼儿更快地掌握，也使得过渡环节的短暂时光变得快乐有趣。

　　将一日生活习惯渗透到幼儿"玩剧会"活动中，组织幼儿在多元的活动中体验、表达，使之在玩"剧"中了解各种生活自理习惯，帮助幼儿养成良好的生活习惯，学会生活。

　　2. 实施路径

　　角色创想—情节设计—互动故事—幼幼反馈。

　　幼儿依照自己的经验创造与情境匹配的多样化角色，以此进行与角色相关的情节设计，多样化的角色引发情节中幼儿之间不同的互动故事，以幼儿间互动结果作为游戏反馈，相互表达游戏的感受。

案例6

　　在餐前活动中，幼儿可以成为某角色形象，例如饥饿小怪兽，他可以去品尝由其他幼儿运用自己肢体创编的不同的食物角色。饥饿小怪兽很饿，想要吃很多很多的食物，其他孩子就变成不同的食物，饥饿小怪兽根据自己的喜好用手触碰食物，被触碰到的食物就做自我介绍，等饥饿小怪兽品尝后则做出评价，一名饥饿小怪兽吃饱后可以换请另一名饥饿小怪兽。

图 2-3-1-6　"饥饿小怪兽"正在品尝不同的美食

第二节
戏剧达人秀的设计与运作

戏剧达人秀：点亮童年的闪光灯

戏剧达人秀是借助主题晨会或特定的节日,以戏剧表演、配音创作、肢体表达为载体开展的各种幼儿表达、表演活动。每周、每月结合节庆活动定期与班级表演角嵌入式地开展戏剧达人秀活动,充分展现了幼儿戏剧的多样性与包容性。借助戏剧达人秀的平台,幼儿能在过程中更好地认知世界,也能更好地认识自己,在表演中爱上表达、爱上思考、热爱生活,成长为更为灵动而自信的样态。

一、戏剧达人秀的活动设计

(一)设计原则

幼儿都是天生的表演艺术家。幼儿的世界本身就是一部非常动人的戏,他们发自内心的欢笑、哭泣、喜欢、悲伤、敢爱敢恨都展示得淋漓尽致。幼儿用稚嫩的内心,用属于他们的理解,去揣摩故事、扮演人物,于是一场场具有公平性、多元性、开放性、表演性的戏剧达人秀缓缓拉开帷幕。

1. 公平性

戏剧达人秀给予了每一位幼儿一个平等的、放飞自我的舞台,为每个孩子营造了一个安全的心理氛围,引领着每位幼儿感受戏剧的魅力。在戏剧达人秀中,每一个孩子都具备参与权,他们可以公平竞争投票选举,力争各自所喜欢的角色,认真地演绎和建构,大胆地创新与展示!

2. 多元性

戏剧达人秀能够给幼儿提供一个表达自我的舞台，在这个舞台上，幼儿可以用肢体动作、声调起伏、台词创作等来表达情绪和情感。戏剧达人秀中的主题小演讲、绘本迷你剧、故事配音秀、时装表演秀、人物装扮秀等表演形式与幼儿自创的生活性、戏剧性、游戏性内容情节相碰撞，不仅拓宽了孩子对戏剧这一艺术表现形式的认知，更为多样化的内容提供了无限可能的空间。

3. 开放性

一出精彩的达人秀节目离不开多要素的开放性支持。幼儿园各类场地的开放，解除了幼儿创作空间的限制，随处一角都可以成为幼儿表演的天地。表演时间的自由给予了幼儿掌舵戏剧节奏的权利。而内容形式的开放，最大限度地赋权给幼儿，鼓励幼儿进行多元的创作与多样化的表达，以此激发幼儿最真、最灵动的戏剧表演输出。

4. 表演性

戏剧达人秀作为行动力表演输出的方式之一，让幼儿在充分的交流互动中，变得爱上表达，容易沟通，富有合作精神，从而进一步锻炼公众展示力，提高各项素质。戏剧达人秀中的角色扮演、语言对话、故事旁白、音乐律动等各种形式的活动，不仅丰富了幼儿的戏剧感知，也让幼儿收获了自信，体验到了积极愉悦的参与感。

（二）内容组织

戏剧达人秀主要分为主题小晨会与戏剧小舞台两大块，每一块都涵盖趣味横生、形式多样的戏剧活动，让戏剧教育价值渗透穿插在幼儿的在园生活，让幼儿更加自由、畅快地在创作和感悟中学习成长。

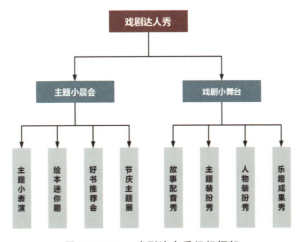

图 2-3-2-1　戏剧达人秀组织框架

二、戏剧达人秀的实施运作

戏剧达人秀通过主题小晨会与戏剧小舞台两大模块,把平日里的绘本阅读、艺术创造、肢体动作、项目活动、主题教学、小组讨论、集体游戏等不同的戏剧教育内容整合在一起,为幼儿提供展示自我的舞台。教师可以追随幼儿的脚步,以整合的教育内容为攻略,从剧本、服装、舞台场景等与孩子共创,从不同角度激发孩子的想象力和创造力,让戏剧达人秀的表演充满张力,解密孩子的创作空间。

(一)主题小晨会

一年之计在于春,一日之计在于晨,利用早晨的时光对幼儿进行教育往往能够起到事半功倍的作用,主题小晨会也由此应运而生。主题小晨会是幼儿园每周固定的常态化活动,借助周一晨会秀这个开放的展示平台,幼儿园各班轮流在全园师生面前展示孩子们自创的戏剧成果。每周晨会秀的主题鲜明,艺术感强烈,戏剧味十足。

1. 源自绘本的主题周实施

借助大班孩子共同阅读的绘本《白羊村的美容院》故事中诙谐幽默的故事情节和对"美容美发"的经验认知,传达给孩子从小要懂得喜欢自己、发现自己的特别之处的认知。在阅读绘本后,孩子们心中都有了最美羊羊的形象,于是他们展开了服装的制作与选美拉票语言的设计,并在一周后登上了达人秀的舞台,给观众们带来了一场独一无二的"羊羊选美赛"。

实施路径:绘本阅读—角色竞选—服饰制作—剧本创编—舞台呈现。

案例7

羊羊选美赛

时间:2021.3.15。

地点:多功能厅。

对象:大二班。

作品来源:绘本《白羊村的美容院》。

戏剧策略:故事重构,旁白默剧。

活动概述:

体验!创意!时尚!白羊村开了一家美容院,白羊们都去美容美发。村里的羊儿们改变了原来的白色羊毛,变身形状各异、颜色纷杂的样子,闹出了不少笑话和麻烦。大二班的孩子们自主分配好了角色,并为角色进行了台词设计,制作了精美的头饰与服饰,运用旁白默剧与故事重构的方式告诉大家:爱美并没有错,但不要盲目追随潮流,要选择适合自己的风格。

花羊服饰　　　　　黑羊服饰　　　　　排练预热　　　　　舞台设计图

图2-3-2-2　绘本主题周"羊羊选美赛"

2. 源自戏剧的主题月实施

"每个孩子心目中都有一个梦,也都有一个属于自己的梦想角色。"动画片与故事中生动的卡通形象深受幼儿的喜爱! 在戏剧主题月活动中,幼儿全程参与最初的角色的选择、衣服的购买制作、表演的排练,最大限度地激发了他们的想象力,使他们在角色体验中放飞梦想,大胆表现与创造!

实施路径:角色选择—服装制作—配音设计—表演排练—舞台呈现。

案例8

动漫小剧场

时间:2021.4.9。

地点:多功能厅。

对象:中二班。

作品来源:动画片《海绵宝宝》、动画片《米老鼠》、故事《阿拉丁神灯》、故事《美女与野兽》。

戏剧策略:声效创作、配音讲述。

活动概述:

帅气的王子、美丽的公主、可爱的米老鼠、神秘的阿拉丁神灯、搞怪的喵星人……一个个小朋友扮演着自己喜欢的卡通形象,带着自信的笑容、迈着矫健的步伐,挥着双手与小观众们热情地打招呼,进行自我介绍,他们用造型与角色语言塑造了一个个令人印象深刻的角色。

海绵宝宝

阿拉丁神灯

帅气的王子

图2-3-2-3 戏剧主题月"动漫小剧场"

3. 特色节日的实施

节日是一种文化,不仅有表象活动,还有深刻的内涵,幼儿园开展的节日文化教育活动有着重大的意义,是传承中华文化的有效途径,是实施《纲要》的重要载体。幼儿期是萌发各种情感的重要时期,因此我园结合春节、母亲节、父亲节、植树节、世界环保日、中秋节、重阳节、国庆节等一系列节日开展以节庆为主题的戏剧达人秀活动,对幼儿进行富有园本特色的节日启蒙教育。这不仅为幼儿创设了一个适宜的环境,更为幼儿提供了一个展示自我的机会,让幼儿的潜在能力得到充分发挥,并且通过戏剧的表达方式交织节庆活动让幼儿感受到节日文化的丰富多彩,感悟节日的内在意义,培养幼儿敬老、友爱、善良、勤劳、勇敢、爱护环境等美好品质。

实施路径:环保宣传画—剧本创作—服装制作—环保小剧场。

案例9

垃圾分类我能行

时间:2021.6.5(世界环保日)。

地点:入门大厅、多功能厅。

对象:中二班。

作品来源:绘本《绿色的一天》。

戏剧策略:角色扮演、内心独白。

活动概述:

一张张灵动童趣的环保宣传画拉开了以"世界环保日"为主题的戏剧达人秀序幕。过程中,孩子们用表演的形式向大家普及垃圾分类小知识,加深大家对垃圾分类的理解和记忆。保护环境,人人有责,在以世界环保日为主题的戏剧达人秀中,孩子们真切地感受到了保护环境的重要性，增强了对大自然和人类社会的热爱，对人与自然和谐共处的向往。

垃圾分类

精彩剧幕

环保宣传

图 2-3-2-4　特色节日"垃圾分类我能行"

(二)戏剧小舞台

戏剧小舞台为孩子们创设了自由、宽松的语言环境，鼓励和支持幼儿大胆表达，是孩子们幼儿园生活的缩影、课程的缩影、成长的缩影。在戏剧小舞台上，孩子们找到了自信，感受快乐，体验成长！他们精心挑选、认真设计、巧妙融合、反复练习、默契配合，结合自己的理解将角色的特点展现得淋漓尽致，最终孩子们呈现了一场场精彩的视觉盛宴。

案例 10

表演小故事"蝴蝶剧场"

活动源起：

在动物乐园主题活动的开展过程中，孩子们对蝴蝶产生了探究欲，因此在班本活动开展的过程中，蝴蝶走进了孩子们的游戏中。在一次区域活动时，孩子们产生了想要表演蝴蝶故事的需求和如何表演的困惑，当"需求"与"困惑"两者之间发生碰撞，就生成了核心的驱动问题：如何自导自演一出有意思的蝴蝶故事？

搜寻蝴蝶故事：

蝴蝶除了飞，还会做什么呢？想要表演蝴蝶，还需要知道更多关于蝴蝶的故事。于是，我们来到图书馆共同寻找与蝴蝶相关的故事书。在图书馆里，孩子们一同找到6本与蝴蝶相关的书，其中3本属于科普书，另外3本中蝴蝶只是其中一个小小的角色。怎么关于蝴蝶的故事书这么少啊？孩子们情不自禁地说：应该有蝴蝶采花蜜的故事，还应该有蝴蝶和小动物玩的故事……那怎么把自己的想法编成蝴蝶故事并记录下来呢？

图2-3-2-5 搜寻蝴蝶故事

剧本设计：

针对剧本设计，幼儿了解了编故事的5个要素，即时间、地点、人（动）物、事件、结局，以及如何通过绘制简单的符号标识来代替文字进行故事创作。

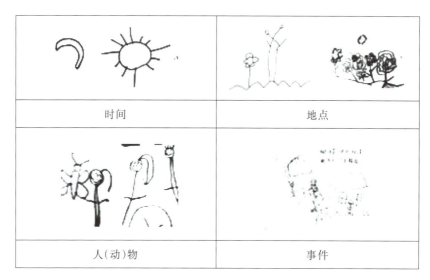

图2-3-2-6 剧本设计

角色分配：

幼儿还不完全了解故事里的角色到底该有几个，因此，每一次在角色分配时都存在不知道应该扮演几个角色的困惑。针对这个问题，我们共同探讨了故事里的角色，并在拉拉书的封面上增加了表示有哪些角色和角色数量的贴纸。之后幼儿在表演前就可以根据自己表演人数的需求选择剧本。

图 2-3-2-7　选择剧本

　　接着由导演确定角色后提问,如"谁想演蝴蝶?""谁想演小花?"大家举手竞选自己想演的角色。想要演同一个角色的人太多了怎么办?孩子们说可以像选导演一样,两个人用石头剪刀布、多人用黑白配的方式来决定,并且全班一致通过了这一规则。

　　演出服装制作:

　　设计蝴蝶翅膀造型和分组制作各种各样的蝴蝶翅膀。

图 2-3-2-8　设计蝴蝶翅膀造型

图 2-3-2-9　各种各样的蝴蝶翅膀

剧场呈现：

可扫码观看

图 2-3-2-10　精彩画面

　　一次次释放幻想的体验，一场场童真童话的盛宴，一个个奔赴快乐的舞台，一片片追逐梦想的天空。在戏剧达人秀的世界里，孩子们尽情释放自己，裙角飞扬、衣袂飘飘、天真活泼、生气勃勃，他们遨游在奇思妙想中，奔赴快乐、自由生长⋯⋯

第三节
年度戏剧节的设计与运作

年度戏剧节：跳进新奇的童梦空间

年度戏剧节是以"和戏"课程为基础，结合幼儿已有的生活经验，融以节日氛围的烘托，以形式多样的趣味活动为内容主线，交织丰富多彩的戏剧元素，贴近幼儿的生活，捕捉幼儿的兴趣点，全园师生共同参与的有目的、有计划、有组织的综合性戏剧活动。

一、戏剧节的活动设计

年度戏剧节是具有园本课程色彩的特定活动，是幼儿园每年重大的活动之一。年度戏剧节的开展旨在丰富课程开展的途径，重视儿童的生活学习方式，使园本课程更具戏剧味、生活味、游戏味。

（一）设计原则

1. 独特性

年度戏剧节非传统意义上的节日，而是基于园本"和戏"特色课程背景下独一无二的、具有鲜明园所特色的专属节日。

2. 过程性

年度戏剧节的意义重在为幼儿打开身心，深度体验，用心融入活动。在这个过程中，追求的是孩子们的参与、创造、体验、合作与享受，而不是艺术的专业化程度，重要的是游戏精神、人格培育、儿童参与感。年度戏剧节使戏剧这门有高度兼容性的课程在幼儿园和戏课程理念下发挥出独特的价值。

3. 综合性

年度戏剧节具有形式多样、内容丰富多彩的特点,活动形式涵盖艺术创想、创作表达、综合游戏等。活动内容包含吃、玩、乐、演等,每一个活动都由若干个子活动和不同的表现形式所构成,能有效激发幼儿的积极性和参与性。

(二)内容组织

戏剧是儿童语言、肢体、表情的综合表演形式,年度戏剧节作为一个质的节点为幼儿提供了展示的平台。区别于一般的节庆节日,在年度戏剧节的开展中,孩子们从阅读绘本到对话绘本,从商讨改编到录音准备、从道具设计到服饰制作……孩子们将童心、童梦融入创作与表演中,团结协作、积极展示,借助年度戏剧节的平台获得了直接、整体的戏剧体验。因此,年度戏剧节是在特定时间段以特定的方式开展的具有较强仪式感的戏剧特色活动。总的来说,温一幼的戏剧节内容可合为"三坊"。

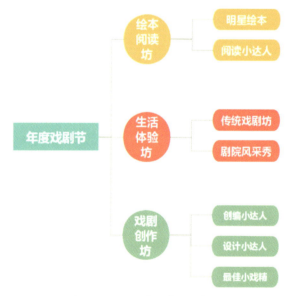

图 2-3-3-1　戏剧节活动框架

1. 设计与组织阶段

环境设计作为教师与幼儿共创的部分,是调动幼儿参与兴趣的起点。在环境设计环节,教师要做的就是给孩子提供丰富的材料,支持幼儿的创作与表达,并在组织阶段以班级为单位创建一个戏剧节的子项目,然后在班级中划分出多个小组:装扮组、游戏组、美食组、表演组等,具体小组划分以该年的戏剧节主题视情况而定。

2. 体验与参与阶段

在戏剧节开展期间，老师们会结合特定的主题提供绘本、图片、视频、音乐等资源，随后根据孩子的兴趣点，开展具有戏剧元素的班本特色的创作。最后老师们将集体活动时孩子们创编的成果加以升华，通过团队研磨形成完整的活动，使年度戏剧节园本化、班本化、特色化。

3. 成果与回顾阶段

年度戏剧节的本身就是游戏，孩子们身在其中是愉悦的、享受的，各种经验在游戏中、创作中自然习得和发挥，孩子们学习的主体性、主动性在游戏中得以体现和培养，其知识技能及综合应用能力也在其中得到了提升。在戏剧节活动开展后，各班要将整个资源包进行整合，存入云档共享，为接下来戏剧节提供丰富的数字资源与借鉴意义。集团园在集结各园区、各班级的数字资源包后对各班的戏剧节的开展进行过程性评价与反馈。

二、年度戏剧节活动

每年的戏剧节作为温一幼的大型活动，有其个性也有共性。年度戏剧节分为绘本阅读坊、生活体验坊与戏剧创作坊。绘本戏剧坊是以绘本为原型延伸出的系列子活动，在此基础上为丰富孩子的生活经验诞生了生活体验坊，最终借助戏剧创作坊支持孩子多元的戏剧创作与戏剧表达。

（一）绘本阅读坊

绘本作为一种独特的儿童文学形式，是儿童文化的呈现，是儿童自身世界的重要组成部分。幼儿会用语言、动作、表情甚至绘画等方式表达他对某个绘本故事的理解和感受。而戏剧恰好是一门综合运用了文学、美术、音乐、舞蹈等多种艺术手段的艺术。幼儿喜欢"假装"游戏、喜欢装扮、喜欢音乐、喜欢被人注目，这些在表演绘本剧的过程中都能一一实现；绘本与戏剧两者之间有着天然的相同之处。戏剧活动让幼儿的天性得以舒展，而丰富的绘本资源则为幼儿的戏剧活动提供了蓝本和源泉。

根据幼儿在不同年龄阶段对人、事、物所产生的不同兴趣点以及幼儿自身发展的需要而生成的主题，并基于对绘本资源价值以及对幼儿戏剧教育价值的认识，我们设立了"主题式绘本戏剧工作坊"，旨在从众多的绘本资源中收集和选择优秀又适合幼儿表演的绘本故事，形成开展不同年龄段幼儿主题式戏剧工作坊的活动体系，以满足幼儿爱听、爱读、爱演、爱编、爱画的兴趣及需要，从而促进幼儿健康快乐、个性化地成长。

1. 明星绘本

在温一幼的各个园所里，到处都有绘本。我们有少图馆分馆、大型绘本馆、班级阅读区,还有分布在教室各个角落的绘本漂流书屋。孩子们利用区域活动、饭前饭后、离园活动等时间阅读绘本,并挑选自己最喜欢的一本投入班级漂流书屋。经过一段时间的绘本漂流阅读,孩子们以投票的方式选出自己最喜欢的绘本,我们称它为"明星绘本"。

图 2-3-3-2　明星绘本出炉啦!

2. 阅读小达人

班级中的"明星绘本"简直是孩子们的"新宠",通过幼儿多次自主阅读,教师通读、精读,亲子阅读等方式,孩子们倾听故事、观察绘本画面、了解人物特征,以此挖掘绘本角色的情感变化。他们画一画最喜欢的情节、说一说最有意思的人物和自己的一些想法,同时每月选出"阅读小达人"作为鼓励。

图 2-3-3-3　我们是"阅读小达人"

(二)生活体验坊

引导孩子们在剧场中建构体验并进行表演,就是引导孩子借助自己已有的经验,从感知、模仿、想象、情感等方面去充分认识、理解角色，将生活故事中的语言、游戏、动作，融入结合到剧本中，为后一阶段的表演及创作奠定基础。在一次次的观摩体验中，孩子们的戏剧素养悄然提升，他们带着满腹的表演情怀，迈上了剧院大舞台的阶梯。

1. 传统戏剧坊

（1）有趣的木偶戏

提线木偶是我国传统木偶戏当中的一种，在木偶的身上悬上线，原本一板一眼的小木偶就会变得活灵活现、生动有趣。趣味十足的《新龟兔赛跑》、本领高强的《真假美猴王》、衣服花样变化的《花好月圆》、快乐的《家婆行》、变化神奇的川剧《变脸》、轻松快乐的《济公的祝福》等传统木偶戏剧故事的演绎激活了孩子对传统戏剧的新认知。

图2-3-3-4　体验传统木偶戏表演

（2）越剧零距离

华丽有趣的戏剧妆容，舞台上生旦净末丑轮番上阵，又白又长的袖子在演员身上翻出一朵朵浪花……越剧离孩子似乎很远，但其实就在身边，比如奶奶随口会哼唱的曲调、公园里常看到的戏台子。孩子们带着好奇心，跟着越剧明星奶奶走进了文苑剧场，置身越剧的天地，体验越剧演员的一天。

越剧角色　　　　越剧演员化妆　　　　越剧服饰道具　　　　文苑剧场观影记

图2-3-3-5　走进越剧馆体验越剧风采

2. 剧院风采秀

在会展中心文博会上,由家长们自发组织编排、幼儿园教师参与互动指导,并由孩子出演的绘本剧《彩虹色的花》精彩亮相。演出时,孩子们身穿漂亮的演出服,头戴各种各样的头饰,生动活泼、惟妙惟肖的表演不时引来台下观众的阵阵笑声和掌声。演出带着大家走进真善美的小世界,领略温一幼"童绘戏剧"的独特魅力。

图2-3-3-6　精彩的绘本戏剧表演

(三)戏剧创作坊

本着"让幼儿成为课程主人"的宗旨,教师选择幼儿喜欢的故事并改编成剧本。戏剧创作坊冲破传统的课程模式,围绕故事及幼儿现有的表演游戏经验、水平,精心设计能有效促进幼儿表演游戏经验整合与提升的游戏框架和支持策略。

1. 创编小达人

教师把自主权交给每一位幼儿,角色之间说了什么台词、做了什么动作,孩子们都可以用符号、录音等方式记录自己的角色台词。有了台词,创编角色的肢体动作和脸部表情在体验和感受中,可以表现得更加真实。

图2-3-3-7　看,我们创编的肢体与剧本

2. 设计小达人

戏剧的舞台,不一定需要精美的服饰和道具,更需要创意,如垃圾袋做成的披风、叶子串成的项链、纸团揉成的花朵……孩子们都变成了"小小设计师",在区域中为自己的角色量身定做各种服饰和道具。在自己的表演中,邀请卡、海报等也都由孩子自己设计。

图2-3-3-8　看,我们设计的服饰与头饰

3. 最佳小戏精

舞台上,孩子们根据自己创编的台词、动作,穿着自己制作的服饰、道具,开始了一场真正属于自己的戏剧表演。一幕幕充满童趣的戏剧在这里上演,一张张灿烂的笑脸在这里绽放,一个个经典的角色在这里重现,孩子成了戏剧创作演出的真正主人。

图2-3-3-9　绘本戏剧表演现场

三、戏剧节案例

每年的戏剧节活动都由师幼共同拟订活动方案,积极利用各方资源,调动家长全方位参与,最终呈现出一场内容丰富、形式多样的戏剧节活动,使幼儿在充满仪式感的活

动体验中收获知识、快乐成长。

案例11

温一幼第十四届阅读节暨第三届戏剧节闭幕式方案

活动主题：暖冬里的戏剧玩乐集市

活动目标：

1. 以12月班本课程的开展，生发暖冬集市项目，为闭幕式做好准备；

2. 通过戏剧创作、表达等形式，在戏剧集市的社会活动中使幼儿发展各方面能力。

活动准备：

1. 各班2~3个摊位，自制集市服装、导航图、参观票、海报、摊位布置装饰品等；

2. 提早进行摊位装饰品(叶子、芦苇等)、陈列(红酒柜、砖块等)收集。

活动流程：

(一)12月筹备期(一班一主题或一园一主题)教学主管组织老师商议

1. 班本生发，预热准备。

12月各班生发自己的班本，形成项目网络图的同时事先做好暖冬集市的摊位，在项目开展的过程中做好前期准备。

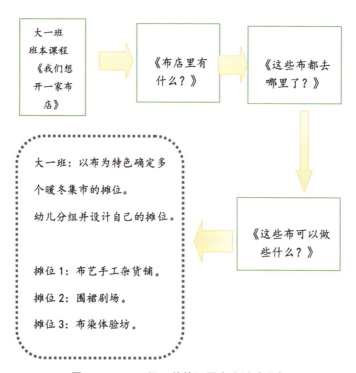

图2-3-3-10　温一幼锦江园大班活动准备

2. 筹备过程中的注意事项。

（1）儿童是戏剧集市的主人：自编、自创、自主，拟定绘本戏剧真情境，体验真角色，做到人人参与，人人享有。

（2）围绕"绘本＋戏剧"的主题开展：设立摊位1.自制绘本阅读区；摊位2.戏剧配饰自选区；摊位3.创作体验区；摊位4.戏剧微型剧场；摊位5.美食分享休闲区。

（二）12月2日到12月31日暖冬集市进行时

第一步：提早一天和幼儿做好摊位的布置（所有的装饰品以儿童的设计为主，辅助一定的半成品材料）。

第二步：各班每个摊位由2位家长定点、4位幼儿轮流成为摆摊小主人。

温一幼XX园区XX班级摊主安排表

摊位名称	时间	摊主（家长）	摊主（幼儿）

第三步：幼儿玩转戏剧集市，中大班自主玩转集市，小班由一位保育员和两位老师分批带领幼儿参加集市活动。

活动任务分配：

活动组织——各园区主任、教学主管。

活动执行——各园区教师。

摄影——家长志愿者。

新闻撰写——公众号团队。

在戏剧集市里，每个孩子都是活动的设计者和主人。幼儿设计阅读节纪念章、布置摊位、设计海报、制作导航图、自制小书等，在老师的引导下参与到集市的每一个环节。在现场，孩子们倾情出演自己感兴趣的角色，观摩其他同学的精彩演出，玩一玩感兴趣的戏剧游戏等，温一幼所有老师们和工作人员也兴致盎然地穿上孩子们创作的服饰，和小朋友共赴这场戏剧"盛宴"。

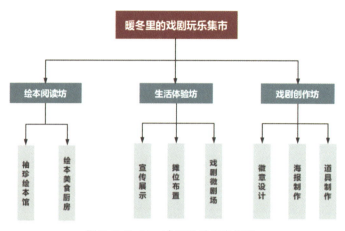

图 2-3-3-11　戏剧玩乐集市框架

（一）绘本阅读坊

1. 袖珍绘本馆

简约的帐篷、温暖的坐垫，在这里捧一本书，享受一段阅读的时光。基于大班《我们的一天》这本绘本的生发与创造，孩子们用自制袖珍绘本的方式记录周边人一天的工作，了解各种职业，感受各种不同职业人为社会的用心付出，并整合性地进行了展示与陈列。

图 2-3-3-12　孩子们为袖珍馆制作绘本书

2. 绘本美食厨房

绘本中的美食激活了孩子们的味蕾，为了加深孩子对戏剧的印象，教师运用绘本《云朵面包》《神奇糖果店》《甜蜜蜜》中的内容开创了美食坊，各种面包、动物饼干、糖葫芦、糖果、棉花糖、牛奶等让孩子们流连其中。

图 2-3-3-13　美食厨房现场

（二）生活体验坊

1. 宣传展示

（1）设计与制作戏剧集市导航图

戏剧集市马上要开始了，我们可以做些什么呢？这么多弟弟妹妹们不会走、不会玩，我们该怎么办呢？怎么知道哪个摊位是哪个班级的呢？教师让幼儿带着这些问题去思考解决方案。

★导航图的实地勘察

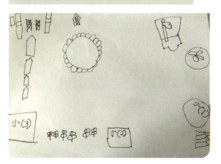

图 2-3-3-14　孩子们实地勘察设计图纸

★了解绘本,制作集市导航图和门票

图2-3-3-15　戏剧节导航图和门票

（2）制作邀请函

前期工作准备就绪,就要准备演出了。教师指导幼儿通过讨论,认真思考邀请函的制作设计,说明演出的时间、地点及演出戏剧内容。

图2-3-3-16　制作邀请函邀请幼儿园里的工作人员

孩子们欢天喜地地去邀请自己想请的人,并大方、清楚地告诉被邀请的人,希望他们能准时参加温一幼戏剧节活动。

2. 摊位布置

随着活动的进展,孩子们开始布置属于他们自己的摊位。选择位置、准备材料、搬运桌椅等,均是由孩子们自主完成的。

图2-3-3-17　齐心协力共同完成摊位布置

3. 戏剧微型剧场

随着音乐的响起,由幼儿自编自导自演的戏剧表演开始啦！精彩的花车巡演,好看的围裙剧、木偶剧表演,幼儿拉着爸爸妈妈一起上舞台,享受戏剧带来的精彩童年。

图2-3-3-18　各园区小剧场现场

（三）戏剧创作坊

1. 徽章设计

戏润童心,和美生长。随着戏剧节的推进,孩子们纷纷想要设计一枚有特色的徽章送给幼儿园,他们手握五彩画笔,用稚气的笔触,描绘最爱的绘本角色,创作最特别的戏剧内容,设计出了别具一格的阅读节纪念章。

图2-3-3-19　孩子们亲手设计徽章

　　创意无限,寓意深刻。孩子们设计出了属于自己的徽章,每一个徽章也许不是最专业、最精致的,但是都饱含着孩子们对温一幼的深情,这样的作品也吸引了同伴的注意,引发了互动。孩子们化身为小小签章员,用贴纸投出自己最喜欢的徽章。

图 2-3-3-20 投出心目中最喜欢的徽章

　　认真用心的投票仪式不仅让孩子们增强了使命感、责任感、参与感,也让孩子们知道了自己的小作品竟然可以收获那么多的欣赏与肯定、喜欢与认可。孩子们.自己阐述、拉票,最后产生了最具人气的戏剧节徽章。

图 2-3-3-21　最具人气的戏剧节徽章

　　2. 海报制作
　　海报制作也是需要孩子们群策群力共同完成的。首先孩子们和家长一起观察海报的特征,了解海报的作用与排版设计,提炼出海报中需要大家知道的戏剧表演内容、演出时间、地点等信息,同时还观察到需要一些生动形象的装饰。于是,孩子们以小组的形式分工合作,制定计划与分配任务,共同协作完成海报制作。

图 2-3-3-22 共同完成海报的制作

3. 创意道具制作

★ 道具制作

孩子们把道具创作环节搬到了集市中,有趣的轧染环节丰富了集市活动,感受"布"一样的体验,"布"一样的乐趣。

图 2-3-3-23 一起来染布

树叶项链多美丽,树叶贴画多有趣,拾一片树叶,为其填上绚丽的色彩,压一压、印一印,孩子们纷纷制作出自己的专属作品。

图 2-3-3-24 为自己做一件漂亮的首饰

★服装制作

绘本里的角色都深受孩子们的喜爱,也是孩子们憧憬的对象。戏剧节里,孩子们要扮演绘本里的角色,为此需要自己动手设计角色服装。

(1)我们的角色服装

孩子们选择绘本故事里的角色,在材料库里找到适合的布料为自己制作喜欢的角色服装。

图2-3-3-25 设计属于自己的戏剧节服装

(2)园长妈妈的礼服

班级里的孩子们都有了漂亮、有个性的服装,可是园长妈妈还没有漂亮的礼服,于是孩子们想为园长妈妈设计一件漂亮的礼服。那园长妈妈的尺寸、喜好是什么?还有制作礼服需要什么材料和工具?于是孩子们在老师和家长的帮助下展开了一系列的调查和创作。

| 婚纱设计师调查表 | 体验婚纱馆 | 第二次设计 |

根据第二次设计进行回想

采访喜欢什么款式

给园长妈妈量尺寸

买布料

第三次设计

园长妈妈的礼服

图2-3-3-26　设计制作园长妈妈的礼服

孩子们重复经历"设计—体验—回想—优化"的流程，在共同努力下，成功地为园长妈妈设计了一件戏剧节礼服，在戏剧节上园长妈妈穿上孩子们设计的礼服一同走秀。

（3）小小志愿者服饰

戏剧节上还有一个非常重要的角色，就是志愿者。志愿者通过竞选选出，孩子们可以竞选摊位的志愿者，也可以竞选公共协助的志愿者。经过激烈的角逐与投票，大家评选出公共协助志愿者和摊位志愿者。为了突出志愿者的形象，孩子决定设计属于自己班独有的志愿者服饰。经过讨论和商议，大家决定做一款彩虹色元素的马甲、帽子、袖套等，孩子们纷纷选择自己喜欢的一项，开始设计与制作。

图2-3-3-27　孩子们设计的马甲志愿者服饰

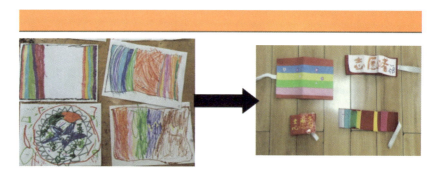

图 2-3-3-28　孩子们设计的志愿者袖套

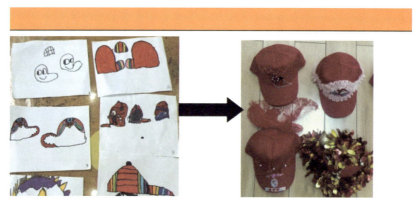

图 2-3-3-29　孩子们设计的志愿者帽子

因好奇而探索,因憧憬而体验。小小的暖冬集市,蕴含着无限的教育契机。

教师和孩子们一起构思、创作、布置,用这种最有创意的方式,让孩子们从游戏场景中走进了真实的世界,使童年生活更有"戏"。

环境篇

嘿，转角遇到小·戏迷

都说："走进一所幼儿园，不用介绍，也无须交谈，只要留意整个环境，就能看懂其中的故事。"于儿童而言，环境是"潜在课程"，它承载着课程功能，儿童富有生长力量的学习过程都应该被看见、被读懂、被支持。

我们的儿童也一样，当他们走进温一幼，就能够感受到幼儿园将他们带进了一个充满戏剧味的快乐空间。也许，是描绘着幼儿园蓝图的门厅；也许，是承载着幼儿课程故事集的一个拐角；也许，是幼儿驻足交谈的走廊主题墙；也许，是挂满道具与幼儿自制服饰的活动区域；也许，是操场上一块幼儿自主计划与装扮的户外舞台……

在"和戏"园本课程实践之中，在戏剧环境的营造中，教师紧跟儿童脚步，用儿童的视角看待周围的世界，最终创造出适合儿童成长、富有戏剧味的幼儿园环境，让一个原本只是好看的幼儿园环境变成一个能够为儿童提供探索、发现、交流机会的戏剧环境。在这里，每一处，都有快乐的小·戏迷，每一个小·戏迷都描绘着未来的人生。

第一节
戏剧环境的建设思路

儿童是奇迹。相信每位儿童是奇迹，能够改变我们的培养方式。当这样的"奇迹"来到我们的生活中，我们可以选择改变，选择为"奇迹"创设环境。

——奥尔兹《以儿童为中心的环境创设》

幼儿园环境是儿童的生活空间，也是儿童的游戏空间、学习空间。空间向儿童传递什么，儿童就会成为什么。我园力求打造多样化、童本化的戏剧环境，立足儿童本身的需求，全程将儿童作为参与主体，挖掘教育资源，充分给予儿童表达自己的真实想法、独立做出决定和付诸行动来实现自身发展的机会，真正让儿童与环境发生关系、展开对话，实现儿童与环境的有效互动，助力儿童全方位的成长。因此，戏剧环境创设不仅仅是简单地呈现课程视觉效果，而是一个"人"与"境"双向互动的过程，具有教育意义和个性化特色。

一、戏剧环境的"四重"原则

幼儿园作为独特的具有教育意义的场所，将对儿童产生深远的正面影响，主要体现在良好、适宜的幼儿园教育环境能有效帮助教育者实现教育意图，其创设的过程能多层面、多因素地推动教育品质，这是幼儿园文化的积淀过程，体现了幼儿园的办园理念，突出了幼儿园的办园特色。幼儿园教育环境中的儿童、教师和环境三要素相互作用和支持，形成幼儿园良好的教育资源。

因此，我们在创设富有戏剧味的幼儿园环境时，需要遵循"四重"原则，通过对维度的探寻与架构，将教室、公共场地、功能室及户外等多个空间共同组建成完整的戏剧环境。

（一）重"儿童立场"，焕发戏剧环境生命力

陈鹤琴是我国学前教育创设实践的先驱者，他所提倡的"活教育"以儿童发展为核心，以儿童为主体地位，将儿童视作教育的关键点。同时，他也提出幼儿园环境必须坚持"儿童化"原则，即儿童做主、儿童为先，环境的构建必须基于儿童意识。因此，幼儿园的课程应以儿童的环境为中心，包括自然的和社会的环境。这与戏剧环境的"儿童本位"原则不谋而合。

基于此，戏剧环境下的"儿童立场"理念将儿童视作整个教育的核心，关注幼儿的发展与感受。在幼儿园戏剧环境的创设过程中，幼儿有权利对自己的生活、游戏、学习等空间提出设想、自主设计，并予以实施。在这样的过程中，幼儿用自己的眼睛去"看"，用自己的耳朵去"听"，用自己的脑袋去"想"，用自己的心去"感受"，用自己的经验去"支持"，也用自己的手脚去"体验"。

同时，"儿童立场"的戏剧环境创设理念，也意味着这里有各种各样与幼儿的身高、认知能力、发展水平相适应的游戏材料及戏剧元素，包括能充分引起幼儿兴趣的多类戏剧场，能伴随彼此深度卷入的戏剧演绎伙伴，有各层次挑战他们认知水平的戏剧情境，这里到处弥漫着"童性"和"玩性"。

图2-4-1-1　儿童涂鸦墙

（二）重"动态过程"，唤醒戏剧环境延展力

幼儿园的环境不仅要让儿童的学习看得见，也要让幼儿的发展看得见。

一个以儿童为本的幼儿园环境，不仅体现在眼里有幼儿，更重要的是通过环境来支持儿童的深度学习，呈现出儿童学习的整个动态过程。

呈现戏剧环境的动态性与过程性，需要体现幼儿的问题表征、幼儿的探索轨迹、幼儿的多元体验、幼儿的方法策略、幼儿的反思记录以及幼儿生命成长的整个完整过程，真正地让过程性思维成为环境创设的主角。

图2-4-1-2 宇航员主题墙

（三）重"戏剧融合"，激发戏剧环境深耕力

幼儿园环境最直接反映的是幼儿园的课程内容。环境承载着课程功能，记录着儿童的学习轨迹，有效地将课程在环境中呈现出来。这种环境不是简单的装饰或者改造，而是从本质上革新了创设环境的理念，为儿童提供探索、发现和交流的平台。

幼儿园教育环境是儿童实践和研究的工场，环境要能呈现儿童付出的努力和取得的成果，因而环境成为一种三维的记录方式。在每个时期环境创设之前，教师与幼儿都要开展准备充分、高效适宜的课程审议，结合课程内容审议幼儿园环境布置，重视环境的生成。而儿童在学习过程中，可以通过文字、照片、语言等各种不同的方式在幼儿园环境中记录和反思这些课程内容中自我学习历程。

因此，环境在充分发挥其教育性的同时，更要真正使其创设与课程建设相互依赖、相互包容、相互影响，并融合课程，进一步推进课程深耕。

图2-4-1-3　戏剧走廊一角

(四)重"园所内涵",重现戏剧环境文化力

戏剧环境创设不仅包括日常教育教学中的多维互动,还包括精神和思想层面等深层次的互动。温一幼办园已有70年的历史,在漫长的时光中对于园所文化的追求在不断的更迭与拓新,从阅读到绘本、再到戏剧课程最后走向大课程,始终围绕着一条主线,那就是"书香"。幼儿园环境融入悠久的办园文化元素,无形之中承载着历史的记忆和深厚的经典文化,让儿童在新旧更替的环境中近距离感受园所文化,传承文化记忆,提高幼儿对文化知识的认知能力。

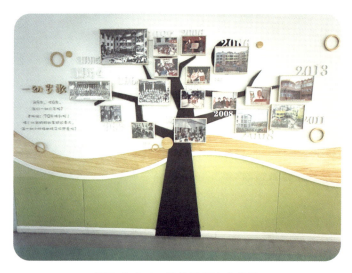

图2-4-1-4　幼儿园历史文化树

二、戏剧环境的"1+N"构建策略

（一）"1"——"环境小主人"的儿童本位理念

基于儿童立场，强调幼儿主体地位，积极体验、主动构建具有儿童文化的幼儿园环境。在环境中承载着儿童关键经验，体现儿童审美情趣，促进儿童深度学习。

（二）"N"——多种途径的幼儿园环境互动策略

在戏剧环境的创设过程中，我们探索出多样化的"人·境"互动策略：可看、可玩、可说、可变、可探、可寻以及对更多"可"的留白，通过多种互动方式，打造儿童视角下有"戏"的幼儿园环境。

【可看】——每一处环境都是孩子用自己的方式创设的，要让孩子们喜欢看、能看得懂。

【可玩】——每一处环境都是孩子可以进入的、参与的，都是好玩的、能自由玩的、可以持续玩的。

【可说】——孩子在对环境不断地观察、探索、学习中互动，并说一说我想知道什么，我已经知道了什么，通过探索我又知道了什么？

【可变】——每一处环境都是随着孩子的需要不断变化的，是幼儿可以参与，并去管理、去改变、去创造的。

【可探】——每一处环境都是能激发孩子好奇的，能让孩子观察到大自然的神奇的，能帮助孩子积累生活经验的，能和孩子发生真正互动的。

【可寻】——环境是能够展现孩子真实生活的，能看到孩子的思维变化的、能够反映孩子成长轨迹的。

【留白】——在游戏环境的创设过程中，激发幼儿、教师、幼儿园及家长对于互动策略的多样化探索，在探索中对策略进行再次迭代、更新与融入。

三、戏剧环境的师幼共建"四阶"路径

（一）"区块链"划分，明晰戏剧大环境

幼儿园环境包含着方方面面。大，能看到"户外操场""户外大器械""整体建筑"等；小，能看到"教室""走廊""楼梯""转角""墙面"；微，能落至"一个材料""一张照片""一盘卡带""一键装饰"。

而在课程的实施中，戏剧表达同样有着多样化的形式。因此，基于儿童本位，在思考和权衡整个幼儿园呈现出的戏剧大环境的时候，首先要做的就是进行"区块链"划分，

并在"分区""分块"的同时形成"戏剧链条"。

由此,我们创设了"戏剧户外游戏场""戏剧游戏一条街""戏剧多样功能室""戏剧区域工作坊"四大板块,以从大到小、从宏观到微观地创设出幼儿园的"和戏"大空间。

(二)"思辨化"审视,更迭原有旧环境

戏剧环境有着复杂的绘本角色类型、丰富多样的表达体验途径、系统完整的课程实施内容、充满幻想的各类型情节,其中有大量的任务、情节、场景与创作表达。这些独特的戏剧元素在课程实施的过程之中,不断地被挖掘、被演绎、被诠释、被更新。

在幼儿园环境中,每个地方都不会被固化,同样的一个场地会根据课程的不断实施与完善,呈现出不同的功能。基于此,我们就需要去思考,探寻幼儿园中的各个角落,通过研究儿童需求与发展、链接各类资源共享、审议教材与课程园本化融合,将旧环境进行更迭。

(三)"互动式"驱动,打造戏剧软环境

在戏剧创设的过程中,幼儿始终是环境的"构建者",是"小主人"。面对庞大的内容,教师需要聆听儿童的心声。以幼儿的兴趣和经验为出发点和内驱力,通过调查与观察,师幼共同对创作主题进行内容甄别。再是班级的个性化生成,以班本课程、项目化活动为载体,通过绘本与价值观认知、生活与游戏体验、各素养和各环节的创作表达,将所想所行呈现到隐形的软环境之中,从环境中看到丰富多彩的"戏剧留痕"。

(四)"故事化"共创,呈现戏剧全环境

在温暖、轻松、宽容的环境中,幼儿逐渐形成安全感、信赖感,师幼之间的联系也变得更密切,这为戏剧整体环境的优质创设奠定了隐形基础。教师带着专业素养与反思,幼儿带着属于他们的作品与感悟,呈现课程中的"戏味故事",共同打造出和美的全戏剧环境。

将"戏"浸润环境、将"戏"浸润思维、将"戏"浸润每个人的心田,由此呈现出美好而丰润的课程环境新样态。

第二节
戏剧空间的浸润式打造

《幼儿园教育指导纲要(试行)》中指出:"环境是重要的教育资源,应通过对环境的创设和利用,有效地促进幼儿的发展。"作为幼儿园的隐性课程,环境在幼儿的一日生活中发挥着潜移默化的教育作用。温一幼依据从户外走向室内,由大园戏剧所大环境到班级小环境的设计思路,创设出了戏剧区域工作坊、戏剧游戏一条街、戏剧户外游戏场、剧味多样功能室,打造出了富有温一幼特色的浸润式立体化的戏剧空间。

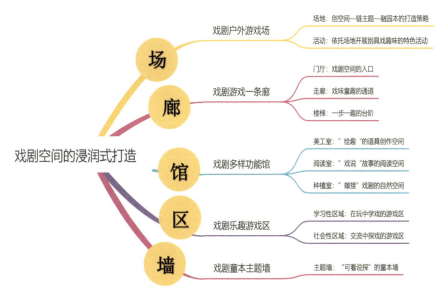

图 2-4-2-1 戏剧空间网络图

一、戏剧户外游戏场的环境创设

儿童化、教育化、游戏化是幼儿园环境最突出的特征。温一幼在打造户外游戏环境时根据幼儿年龄认知特点,融合园所戏剧特色,结合户外游戏场地形成幼儿自然环境中的大区游戏空间,链接园所大事件,呈现特色化的户外戏剧游戏场地,既让环境充满童趣,有童话般的感觉,又让幼儿在充满戏剧味的环境中实现自然生长。

(一)戏剧户外游戏场的环境创设策略

策略一:创空间——同一场地,不同功用

在打造戏剧户外游戏场时,我们充分利用有限的户外空间资源,将操场、小树林这些都纳入游戏场的建设。在原有户外设施的基础上,因地制宜投放适应的材料,创设出适合戏剧户外游戏场所。比如,将户外活动的轮胎拿到小树林里,在上面放上锅具,这样就变成了森林厨房,孩子们可以尝试娃娃家的扮演活动。

图2-4-2-2　戏剧角色扮演游戏

策略二:链主题——借助主题,深入开展

为避免户外戏剧游戏时的单一化、随意化,我们借助教学主题,将其融入户外戏剧游戏,在特定的主题情境中诱发幼儿参与更加深入、更有意义的游戏表演。如小班主题"我家是动物园",在户外小树林的戏剧游戏环境下,孩子们扮演绘本里的角色,演绎绘本里的故事情节,这使氛围感更加强烈,活动也更加生动有趣。

图 2-4-2-3 戏剧游戏场的过家家

策略三：融园本——戏说绘本，剧剧精彩

戏剧表演不仅仅在舞台上、教室里，也在幼儿园的角角落落。户外操场或任何一个地方都可以成为我们的戏剧舞台。结合戏剧节，教师将节庆戏剧活动创设成一个大型户外戏剧场，孩子们在户外戏剧盛会中去感受、体验、创作、表达，演绎戏剧里的故事。

图 2-4-2-4 全园戏剧游戏节

（二）戏剧户外游戏场的场景实例展示

1. 戏剧集市嘉年华——依托户外场地展现戏剧风采

借助园本的节庆活动——戏剧节,幼儿园打造了一场户外戏剧游戏嘉年华。每个班级根据自己班本主题,确定戏剧集市的摊位名称,设计集市海报,为自己班级的摊位设置吸引顾客的"轰动"项目,并在集市上表演一出属于自己班级的"剧"。集市里幼儿化身为各个主题角色,吃着主题里的食物,玩着主题里的游戏,表演着主题里的故事……

图2-4-2-5　戏剧集市活动流程

图2-4-2-6　戏剧集市装扮

比如,大班戏剧集市活动"黑色王国",这是班级基于班本主题活动"黑,你看起来很好吃"所确定的。在集市上,孩子们化身黑色王国里的各种食物,有黑巧克力骑士、黑木耳王后、黑豆公主……

他们在班级的摊位上向顾客们介绍黑色王国里的各色美食,让大家知道"黑"也可以很好吃。

图2-4-2-7　儿童角色扮演

图 2-4-2-8 "黑",也可以很好玩,大家一起找"黑"

戏剧集市的高潮来了,黑色王国里的各个角色登场了。

图 2-4-2-9 黑色王国集市表演现场

2. 打造野趣空间——融入自然环境体验戏剧风味

戏剧源于生活,幼儿的戏剧表演经验也是基于他们自身的生活经验。还记得我们小时候玩的过家家吗,简单的树枝就可以成为筷子,几片叶子和小草就能做出一道美味佳肴,这是童年的味道,也是戏剧的味道。我们将戏剧融入自然,在幼儿园的后花园里打造出了别有一番戏剧风味的野趣空间,有森林之家、森林舞台、战地医院、CS战场等。

表2-4-2-1 戏趣空间的材料投放

区域名称	具体材料投放
森林之家	砖块、轮胎、废旧铁锅、锅铲、废旧的碗碟等各类真实"餐具",就地取材的枯枝落叶……
森林舞台	防水的舞台背景幕布、花草舞台道具、拉杆行李箱(表演服装、道具、话筒……)、角色头饰、小木凳
战地医院	电话、对讲机、医生护士服、废旧干净的药瓶、担架、纱布、塑料针筒、听诊器、帐篷、小木凳
CS战场	6件迷彩服、6件"特警服"、玩具步枪、对讲机、油桶、迷彩网、轮胎、软垫

图2-4-2-10 森林之家里的茶话会

图2-4-2-11 森林舞台的精彩演出

图2-4-2-12 "战地医院"紧张的救援

图2-4-2-13　CS战场上的激烈交战

二、剧味多样功能室的环境创设

为了让孩子的童年更有"戏"，温一幼落实"戏润童心·和美生长"办园理念，将戏剧融入孩子们的一日活动与生活。在功能室的创建中，我们也奉行这一理念，将和戏课程中的道具制作、台词创编、记录、表演融入功能室的活动，教师为孩子提供材料和工具，让孩子在戏剧味的功能室里自由创作表达，在探索中习得相关的戏剧经验。

（一）美工室："绘趣"道具的创作空间

一件件造型各异的服装、童趣生动的手偶、由废旧材料制作而成的各种道具，一进入美工室，就能让幼儿感受到浓浓的戏剧氛围，让孩子在美工创作中"绘趣人生"。

图2-4-2-14　戏剧创作空间

1. 场地布置

hui 天 hui 地——绘画区

在这里,孩子们可以畅快绘画,绘制戏剧场景、角色,同时可以将绘制好的角色拿到布艺区制作故事围裙。绘画区还有一片鳞片墙,孩子们可以随心记录、重复使用,这是孩子们最自由的创想区域。

图2-4-2-15　美工创作空间

布 ling 布 ling——布艺区

布艺区是幼儿园最具戏剧特色的区域，可爱的绘本围裙在这里被制作出来，各种碎布在小朋友的巧手下变成一件件独特的戏剧服，不仅有可爱的布偶，还有华丽的公主裙、帅气的宇航服。

图 2-4-2-16　布艺馆

纸 lai 纸趣——纸艺区

纸艺区里的各种纸张也是幼儿的道具，将纸板进行拼插就可以做成各种动物模具，画画剪剪就可以制作出自己喜欢的故事手偶，或者也可以用折纸的方式做一个独一无二的纸偶。

图 2-4-2-17　纸艺区创作

2. 材料投放

"良材美器，宜在尽用之地"，美术室每一种材料的使用都凝聚着教师们的心血和智慧。废旧的灰色轻砖成了极富艺术感的展台，上面陈列着孩子们制作的各种道具，精美的头饰、有趣的手偶、各种角色的"戏服"……每一种废旧生活材料、每一份大自然的馈赠都能在教师的慧眼下重获新生。

表 2-4-2-2　创作区域材料投放

区域名称	具体材料投放
hui天hui地	毛笔、马克笔、记号笔、水粉颜料、蜡笔、铅画纸、调色盘、围裙、各种彩纸
布ling布ling	各种布条、丝带、蕾丝、小铃铛、别针、木珠、各种绳子、彩带、不织布
纸lai纸趣	剪刀、各种类型纸张、刻刀、刻刀板

图 2-4-2-18　创作区域美术材料

　　美术材料分类清晰、摆放罗列整齐，让孩子随手可得，即使无人看管，孩子们也能拿取自如。"外师造化，中得心源。"美术室没有教法、没有学法，就是一个探索美、实践美、表现美的艺术空间。幼儿在玩的过程中体验美、发现美、创造美。

（二）阅读室："戏说"故事的阅读空间

作为书香幼儿园，温一幼有温州少图馆分馆，阅读室空间宽敞明亮、馆内藏书丰富。根据幼儿语言能力发展的核心经验，教师结合和戏课程理念内涵，将台词创编这一前书写内容纳入阅读室活动，幼儿在进行阅读室场馆活动时，除了读、说，还发展了前书写的语言技能。

图 2-4-2-19　绘本阅读区

1. 场地布置

（1）戏剧节精彩回顾墙

这里有往届戏剧节的精彩瞬间，以往孩子们为园长妈妈制作的节日服装也陈列在此。孩子们画的集市布局图，以及阅读徽章的产生过程，孩子也用自己的表征方式记录了下来。

图2-4-2-20 幼儿园戏剧一角

（2）剧本创编工坊

这里是"小戏精"们的创作领地，在这里可以自己创作新的剧本，将自己喜欢的绘本故事进行想象，改变故事中的某一要素，绘画创作出独一无二的剧本。

图2-4-2-21 绘本自制馆一角

（3）户外阅读露台

天气晴好的日子，带上几本绘本坐在太阳伞下，细细品读，或者跟着老师一起做做戏剧游戏，这是多么惬意的时光。

图2-4-2-22 阳光阅读区的户外阅读

2. 材料投放

表2-4-2-3 阅读室材料投放

区域名称	具体材料投放
绘本阅读区	各种绘本、幼儿园图书、阅读的桌椅、小推车
剧本创编工坊	剪刀、蜡笔、勾线笔、牛皮纸，桌椅
户外阅读露台	遮阳伞、小推车、卡通桌椅、花卉绿植

阅读开启智慧之门。在幼儿园，孩子就是种子。教育就是为孩子提供适合其生长的土壤和条件，播撒着阅读的阳光和雨露，帮助孩子在这个丰富多彩的世界上走向成功，找到合适的位置演绎出自己的精彩。

（三）种植园："嫁接"戏剧的自然空间

种植园位于幼儿园三楼，是一个朝南的露天大阳台，这里阳光充足、空间宽阔。我们对其进行了功能分区划块，在满足幼儿欣赏花卉、体验种植、观察实验的基础上，开辟了一片独特的小舞台，在种植赏花的同时也可以演戏剧。绘本中的一些特定场景，比如森林、草原、花园，就可以直接在这里进行表演。

1. 场地布置

我们根据幼儿的认知年龄特点,让孩子在种植区亲近自然、乐于探究,在探究的过程中运用观察、实验的方法认识周围的自然环境。在场地的布局上,我们创设了花卉观赏区、蔬菜种植区、阳光实验屋、工具储藏室,以满足孩子对自然事物的探索感知。

利用种植区位置阳光照射充足的特点,我们种植了一些耐旱、喜欢阳光照射的花卉,花卉颜色互相搭配,让幼儿感受植物之美。10个班级10块区域,各班为自己的区域制作了个性班级种植牌,幼儿选择自己感兴趣的蔬菜进行种植。通过自己播种、浇水,最后收获,让幼儿体验从劳动中带来的快乐与成就。在开展种植活动时,我们也可以玩一玩戏剧游戏,比如种子发芽,幼儿用自己的身体去表现自己所种蔬菜的发芽变化过程。

图2-4-2-23　生态园种植区域

2. 戏剧空间

在种植园,幼儿除了可以对自然事物进行探索,获得丰富的感性体验经验,我们也给孩幼儿创设了别样的戏剧表演空间。在这里有一片抬高的空间,我们将其当成了另外一片舞台,幼儿可以在鲜花、蝴蝶的围绕下玩着戏剧游戏,演绎着绘本里的故事。

图2-4-2-24　生态园中的戏剧

在这个充满阳光的秘密花园里,有孩子们与花草嬉戏的动人瞬间,有蔬菜丰收的劳动喜悦,有阳光房里的记录观察,这里是幼儿自由创作的自然戏剧空间,戏剧与自然滋养着孩子们的成长。

三、戏剧游戏一条廊的环境创设

(一)门厅:戏剧空间的入口

大厅是展现办园理念、园所文化与幼儿学习成果的空间,是加深幼儿及家长对幼儿园认知的空间,是传达爱意与营造温馨氛围的空间。因此,我们在设计的过程中,十分注重其童趣性、美观性和实时性。

图2-4-2-25　戏剧主题展览

(二)走廊:戏味童趣的通道

走廊作为通道,是幼儿经常来来回回接触到的环境,也是幼儿日常活动的重要场所。走廊环境是传递幼儿园整体教育理念的重要一环,对于展示园所特色与其发展理念具有重要的作用。因此,创设"戏"味"童"趣的走廊环境不仅有利于美化园所环境,而且具有独特的教育功能。

1. "戏"味区域

图2-4-2-26 分年龄段设立的戏味特色区域

2. "童"味走廊

图2-4-2-27 走廊环境中的儿童留痕

(三)楼梯：一步一趣的台阶

楼梯作为上下楼的通道,是孩子每日的必经之路。利用好楼梯墙面和转角的空间,打造链接课程主题,让幼儿说出戏剧故事的楼梯环境,不仅能体现园所文化理念,更能带给孩子隐性的教育价值。

1. 有"故事"的墙面

图 2-4-2-28　课程故事墙面展示

2. 有"主题"的转角

图2-4-2-29　楼道处处有景、有戏

四、戏剧乐趣游戏区的环境创设

　　幼儿的日常学习性区域、社会性区域可以同时兼具戏剧功能,为幼儿的区域游戏增添戏剧乐趣,让幼儿在玩中学戏,学中探戏。

(一)学习性区域:在玩中学戏的游戏区

　　在学习性区域中创设别具戏味的活动环境十分重要。如在阅读区,增加好书推荐区(幼儿自制好书封面、经典绘本画面)、戏剧故事盒(增设主题戏剧活动的绘本角色剪影)、戏剧材料区(投放幼儿即兴表演的道具)等,为幼儿提供在玩中学戏的隐形支持。

图 3-4-2-30　好书推荐区

（二）社会性区域：交流中探戏的游戏区

在社会性区域中，创设具有和戏课程特色的区域游戏环境，如道具坊和表演区。在道具制作区，提供材料超市，幼儿可以选择各种材料制作表演服饰；在表演区投放儿童全身镜、梳妆台、各类表演服装等，也可以提供各种半成品、低结构材料（报纸、塑料袋）等，从而满足幼儿装扮的欲望。

图2-4-2-31　好玩的戏剧创作小角落

五、戏剧童本主题墙的环境创设

瑞吉欧教育理念十分强调空间的教育内涵。基于园本课程下幼儿园主题墙的探索,我们遵循以儿童为本位,从可看、可探、可说这三个互动策略与幼儿共同创设会说话的主题墙。

(一)童本视角,"可见"主题

一面主题墙,承载着一次主题活动由开始到深入的过程,它引领幼儿主动探索学习,记录幼儿在探索中发现和获得的经验,让幼儿的活动轨迹和方式得以完整、清晰地呈现在大家面前,让幼儿的学习"看得见"。

1. 愿意看:主题材料巧收集

在开展主题前,我们充分挖掘主题核心经验,明晰方向。并和幼儿一起思考:这是什么主题? 你可以收集哪些材料? 这些材料可以怎么用? 带着这些问题,幼儿开始寻找材料、分类材料,并把材料利用到主题墙的创设中来。

图2-4-2-32 主题墙一览

2. 看得懂:主题呈现多元化

在主题环境内容的呈现上,我们鼓励幼儿以看得懂的方式完成主题任务。

▲ 多元表征:用幼儿自己能看得懂的方式记录问题。

图2-4-2-33 看得懂的学习留痕

▲ 艺术表征:鼓励幼儿通过创作、画、贴等艺术方式进行表征。

图2-4-2-34　孩子个性化的艺术表征

▲ 绘画表征:鼓励幼儿用符号表征的方式进行记录。

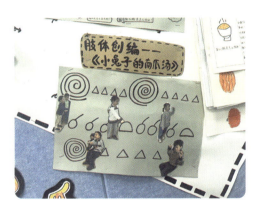

图2-4-2-35　儿童自然创作剧本

▲ 读写表征:在大班下学期,鼓励幼儿运用简单的文字进行记录。

图2-4-2-36　儿童书写表征

3. 喜欢看：师幼共创环境

在主题环境的布置中，教师会请幼儿共同完成任务：布置在哪里？怎么布置？小组如何分工合作？经过商议后大家再进行主题墙创设。

图 2-4-2-37　互动墙面

（二）童本取向，"可探"主题

创设可"探"的主题墙不仅能激发幼儿思考，还能引导幼儿的行为与活动，为幼儿的合作学习提供了非常好的资源。幼儿与墙面环境的互动以及所获得的经验会引发同伴的模仿、学习及共同探究，形成一个学习共同体。同时，幼儿与墙面环境的互动过程又是教师了解幼儿的主要途径。幼幼互动、师生互动使得教育活动更具吸引力和凝聚力。

1. 链接主题，建构路径

在主题墙探索阶段，我们跟随幼儿在课程学习中的动态轨迹，尝试从主题网络图中寻找主题墙版块线索，打造出能与主题课程、幼儿互动的线索式主题墙。

图 2-4-2-38　戏剧主题一览

2. 问题导向,探索发现

在课程实施过程中,我们鼓励幼儿提问题,并跟随问题进行主题线索式探索。

图 2-4-2-39　问题墙

3. 追随兴趣，动态留痕

在园本课程实施的过程中，我们始终追随幼儿的兴趣，把幼儿的思考过程、探索发现、学习留痕等内容呈现在主题墙上。

图 2-4-2-40　课程留痕

（三）童本生发，"可说"主题

在主题开展的最后阶段，我们引导幼儿通过表征、绘画、收集主题成果等方式，将主题探索过程制作成绘本书、拉拉书、海报书等方式布置在班级墙面上，并通过以下几个策略开展活动。

1. 主题互动，成果分享

◆策略运用：梳理经验—创新呈现—同伴分享

主题开展后是经验梳理和运用的环节，我们结合园本特色课程，鼓励幼儿把学习成果以各种方式呈现出来并布置在主题墙或其他墙面上，在一日环节中组织幼儿进行个性化的分享。

图 2-4-2-41　墙面的互动分享

2. 留白空间,互动表达

◆策略运用:分享交流—留白思考—生成内容

在课程实施中,我们遵从幼儿的视角与立场,预留较自由的课程生成空间,在成果分享与交流的过程中引发儿童进行思考,激起幼儿进一步探究的兴趣。根据幼儿的兴趣点、困惑点以及经验拓展所需,进行生成内容的主题墙创设,进一步给予幼儿自我探索、自我表达、自我生长的空间。

图2-4-2-42　预留充足的留白区域

图2-4-2-43　增设画笔、贴纸等工具

图 2-4-2-44　主题墙上的问题导向

　　有戏的氛围能为幼儿提供隐形的环境支持,在充满了戏味的场、廊、馆、区、墙中,幼儿时时有戏、事事有戏,浸润在戏剧趣味中,成长在戏剧环境中!

第三章

新成长：用评价看见每一位孩子

戏剧送给孩子们一份特殊的礼物,允许他们在无压力的环境下,突破学习框架,迸发灵感,带着好奇心与想象力,去发现未知的无限美好。在戏剧的世界里,我们看见了每一个儿童,看见了儿童的每一刻。

在"和戏"课程的实践推进过程中,我们始终秉承"戏润童心、和美生长"的课程教育理念,促进儿童内在本能的发展,培养他们的主体性和创造性,并以"尊重个体差异,支持个性发展"的评价理念进行实践,形成了"和戏"课程评价新机制。

在新机制的运行过程中,以儿童发展为起点和归宿点的管理方式也应运而生。一方面,从儿童是课程的主体角度出发,管理方式更加强调儿童参与的过程性评价,探究多方面的评价新途径与新抓手;另一方面,为了顺应"和戏"课程的评价方式改革,我们从单一走向立体,从片面走向全面,借助幼儿、教师、家长三方共评的方式,形成客观、科学、全面的"立体式"评价体系,让评价赋能儿童、教师、家长、课程等,达到"以评促学、以评促教、以评促质"的成效。

第一节
戏剧育人的评价创新

一、戏剧育人的评价发展历程

评价作为课程建设中的关键环节之一,是课程深化发展的助推器。温一幼"和戏"课程评价秉持《幼儿园教育指导纲要》《3—6岁儿童学习与发展指南》精神,领会以"儿童为本、过程导向"的新时代教育观,经历了三个阶段的课程评价探索。

图 3-0-1-1 "和戏"课程评价研究发展过程

第一阶段:从结果到过程

2018年3月,温州市教育局出台了《全面推进幼儿园课程改革的实施意见》,在市课程改革理念"看见爱与自由,看见生长的力量"的指引下,温一幼致力于课程改革的实践,以"尊重儿童学习的主体地位"为重点,根据转变课程评价重结果的现状,提出了"教师故事式"评价,遵循幼儿发展真实性原则。

第二阶段:从单向到多方

基于课程故事式评价的研究,2020年"和戏"课程开始走向深远化发展,评价着眼于从"教师故事式"走向三方合作式评价,提出了"拉拉书评价"——自我评价、剧场沉浸式评价——家长评价，评价逐渐走向多方多维式。

第三阶段：从平面到立体

2021年，依托未来教育的发展理念，温一幼在原评价基础上开始探索三方共评、数字赋能的立体式评价，尝试开展"三朵云——云慧玩"评价，实现"三方共评、数字动态"评价。评价内容聚焦儿童五育发展，促进个性发展，评价逐渐走向全面化、数字化、立体化。

二、戏剧育人的评价实施构想

温一幼课程评价在实践中不断深化、开拓创新，勇于迈向幼儿园课程评价常态化与立体化的新阶段，有效达成以评促学（幼儿）、以评促教（教师）、以评促合（家长）的愿景。

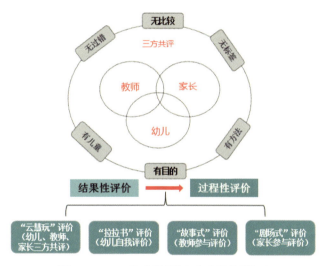

图3-0-1-2 和戏课程"立体式评价"体系

（一）评价原则：从"无"到"有"

◆"三无评价"原则：无过错、无比较、无标签

幼儿园评价的最终目的是促进幼儿的全面和谐发展，基于该年龄段幼儿具有个体差异性，教师在充分尊重幼儿的情况下提出"三无评价"原则。无过错指避免用过多的指标衡量幼儿的能力；无比较指避免用比较的眼光看待幼儿的发展；无标签指避免在评价的过程中给他们贴上标签。

例如：在开展戏剧主题活动"地球村"时，幼儿在讨论剧本问题时，由于"表演的故事内容无法确定"从而产生不同的意见并引发了争吵，针对这一问题，教师根据"三无原

则"进行活动评价,用心聆听每位幼儿的想法,评价中没有对与错、没有比较,更不会给幼儿贴上标签,老师用欣赏的眼光发现孩子们的"哇时刻"。

图3-0-1-3 "三无"评价原则贯穿戏剧主题

◆"三有评价"原则:有儿童、有目的、有方法

同时,我们又提出了评价的"三有评价"策略,指向评价的发展性、全面性和科学性。在"和戏"课程学习的过程中,评价不是盲目的,要做到有儿童:儿童为先,评价在后。有目的:明白为什么评? 评什么? 怎么评? 有方法:要根据儿童的发展特点选用科学的评价方法。

例如:"和戏"课程以培养"阳光、有慧、和乐、尚美、爱劳"的和美儿童为育儿目标,倡导"以童为本、儿童在先"的课程理念。在项目化活动"嘿(黑),你看起来很好吃"中,以儿童为活动主体,自主探索黑黑食物的项目化活动,将评价贯穿始终,教师以助推儿童发展为目标,开展立体式评价,评价前知道活动目标、活动目的,由此展开课程评价活动。

图3-0-1-4 依据"三有"评价原则开展课程实施

(二)评价方式:从"结果"到"过程"

在评价方式的选用上,教师将视角聚焦于儿童在过程中的发展,以"过程性评价"助推儿童在项目化学习中的全方位发展。通过儿童、教师、家长三方共评,对整个活动起指导和促进的作用。

(三)评价工具:从"单一"到"多元"

评价要做到精准,应当设计科学化的评价体系,因此温一幼"和戏"课程的评价工具在不断地优化,从单一的故事式评价走向了立体多元化。

第二节
戏剧育人的评价实施

一、数智赋能——"云慧玩"评价

为解决教师在评价过程中的主观导向性、评价局限性及执行表面性三个问题,我们力求借助信息技术的科技手段,让课程教学过程留痕,让课程评价有证可循。温一幼借助"三朵云"智慧平台,幼儿、家长、教师通过课程指标的对照,对幼儿进行全程科学的有效评价。

(一)"云慧玩"评价构建

基于温一幼"和戏"课程中"阳光、有慧、和乐、尚美、爱劳"的五个目标,根据幼儿园幼儿的发展水平及课程特色,我们研制了20个二级目标;依托《3—6岁儿童学习与发展指南》中的评价指标,参考"云慧玩"中的徽章评价内容,沿用幼儿最喜欢的徽章形式,自制了20个温一幼专属徽章,每个徽章下面设有3个层次的评价指标,作为评价的载体,实现了三方共评的多元评价。

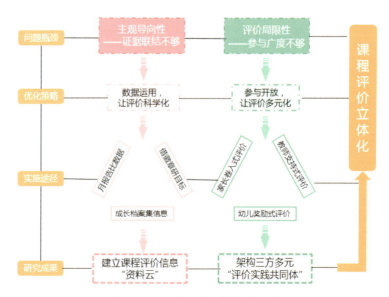

图3-0-2-1 "云慧玩"数智化评价

（二）"云慧玩"评价实施

1. 探究"云慧玩"科学准度，建立课程评价信息"资料云"

在课程实施过程中，教师要树立评价常态化的意识，将评价渗透到一日课程中，随时随地开展评价，由此需要及时收集幼儿信息，掌握大量数据，为后续评价的素材梳理、结果分析、成长档案等积累大量的素材，让评价有证可循。因此，建立"资料云"可以让教师快速、准确地掌握评价数据，动态、直观地呈现幼儿学习与发展的过程，为课程评价的开展奠定基础。

表 3-0-2-1 "云慧玩"实施内容

资料云内容	具体实施	
巧借徽章库：研制目标	基于我园"阳光、有慧、和乐、尚美、爱劳"这五个课程目标，研制了20个二级目标，自制了20个一幼专属徽章，将烦琐的课程目标一键纳入徽章库	
利用成长档案：收集幼儿信息	"云慧玩"中的"成长档案"拥有AI自动识别人脸功能，能将教师批量上传的照片自动分类，家长亦可将幼儿在家的成长过程同步上传。其次，通过语音记录，快速且精简地捕捉幼儿即时在课程实施中的自然情景，匹配相应评价内容	
依托月报告：比对评价数据	"云慧玩"中的班级月报告能够快速读取数据，客观分析全班幼儿的各方面情况，让老师能够依据数据汇总进行纵横交织比对，形成适宜的支持策略	

2. 拓宽"云慧玩"使用广度,架构三方多元"评价实践共同体"

幼儿在不同的环境中会表现出不同的行为,不同的评价者也会产生不同的理解,在信息技术的支持下,我们掌握大量、全面的观察数据之后,该如何继续借"云慧玩"之力,对课程评价进行深化是亟须研讨的问题。架构教师、幼儿、家长三方多元"评价实践共同体",形成多方合作关系的思路,拓宽"云慧玩"使用权限,从而发挥更大的作用。

(1)依托"数据"科学分析,助力教师"支持式"评价

教师若要对幼儿进行客观的评价,必须转变评价理念,基于大量客观的数据,进行多维分析。"云慧玩"数据能够很有效地提供循证依据,让教师做出科学有效的判断,从而提供相应的支持策略,这既能提升教师的评价分析能力,又切实助力每一位幼儿的发展。

表3-0-2-2　数据支持性评价

数据支持性评价	评价要点	评价过程
第一步 微观个人数据 制定成长计划	幼儿的个人月报告,详细记录了本月连续发展的动态轨迹,教师根据幼儿个性化发展给予相应的有效支持,为幼儿制定个性化成长计划	
第二步 纵观每月数据 调整观察维度	制定《班级幼儿表现占比图数据结果分析报告》,为教师每学期制定班级计划与指导提供有效依据	

(2)借用"徽章"童趣形式,鼓励幼儿"奖励式"评价

课程评价只关注教师评价能力的发展是远远不够的,应根据幼儿年龄特点开展适宜的评价活动。在评价的过程中,幼儿逐渐认识自我,自尊心、自信心、同理心不断地得到发展。"云慧玩"当中的徽章形象具有童趣,能够很好地激发幼儿进行评价的兴趣,我们便借助徽章尝试让幼儿以多种可能加入到课程评价中来。

表3-0-2-3　徽章奖励式评价

徽章奖励式评价	评价要点	评价过程
第一步 定制徽章颁发"专属评价日"	与孩子一起约定、设立班级"徽章颁发日"，帮助幼儿形成更客观的自我评价意识	
第二步 形成徽章获取专属评价形式	小班：由教师带着幼儿回忆一周表现，幼儿自己点亮徽章 中班：教师分析观察记录，幼儿进行简单的自评 大班：幼儿通过计划、实施、检验三步完成徽章获取过程	 小班　　中班　　大班

（3）循证"报告"个性解读，激发家长"互动式"评价

教师与家长的评价互相结合，能更立体地呈现幼儿的发展轨迹。"云慧玩"是一个家园互通的有效桥梁，能将以往的静态评价转变成动态过程呈现，家长能够实时观察幼儿在园的表现，借鉴教师对幼儿的评价策略，在家进行适时跟踪观察，客观多元地看待幼儿。

表3-0-2-4　报告互动式评价

报告互动式评价	评价要点	评价过程
第一步 结合"成长月报告"，进行一对一约谈	与孩子一起约定、设立班级"徽章颁发日"，帮助幼儿形成更客观的自我评价意识	
第二步 形成徽章获取专属评价形式	家长和教师一起对于幼儿某一表现发起探讨，鼓励家长与教师共同制定简单易懂的行为检核表，对该项观察检核内容进行视频打卡，并上传成长档案，促使家长加入评价工作	

附：评价指标（以"有慧"为例）

表3-0-2-5 评价指标具体内容

一级目标	二级目标	水平一	水平二	水平三
有慧	静听会讲	学会倾听，能听懂日常会话，大方打招呼，愿意在熟人面前说话。在成人的引导下喜欢听故事、阅读绘本和游戏活动，有好奇心，能说出自己的发现	有意识地倾听信息并能与他人表达交流自己感兴趣的话题。能独立自主地进行阅读活动和倾听故事，基本完整地讲述自己的所见所闻和经历的事情	能注意倾听他人讲话，理解相对复杂的语句。愿意与他人讨论问题，敢在众人面前说话，专注地说读图书，喜欢与他人一起讨论图书和故事中有关的内容，能有序、连贯、清楚地讲述一件事或发表看法
	善思乐探	知道生活中数学的有用和有趣，对周围环境的形状、颜色、空间、数量等变化感兴趣并进行简单区分。喜欢参与各类探究活动，乐意与老师、同学互动。	乐意接触新事物，喜欢探索并愿意尝试有挑战性的任务，并记录自己的发现。对周边事物的变化有强烈的好奇心和学习积极性。感知物体的结构特征和空间方位，进一步了解生活中数字的含义和数量关系。	喜欢研究周围感兴趣的事物，并能用数字、符号、图表等方式进行调查、验证与交流，了解、感知动植物及相关物体的科学性常识。学会多种的数学方式（排列、空间结构、加减等）解决生活中的问题
	敢于质疑	对于自己喜欢的或不懂的事情能大胆提出来	喜欢参加各类集体活动，能大胆表达自己的想法，敢于提出自己不同的意见	对新的事物充满好奇心。喜欢思考问题并表达自己的发现。愿意与他人讨论问题，敢在众人面前表达自己与众不同的想法，并能清晰地表达理由和观点
	坚持专注	对感兴趣的事物能仔细观察，发现其明显特征，并在完成时有一定的耐心	对于自己感兴趣的事物能主动进行探究，不轻易受周围环境的干扰。不怕苦难，有较长时间的坚持和耐心	主动挑战有难度的、新的事物或学习，并能独立或和同伴进行长时间的坚持和探索。对于任务能主动接受并想办法解决困难，不受周围事物影响，有自己的学习方式和计划安排，并能有意识地坚持

二、童绘乐评——"拉拉书"评价

"拉拉书"自主评价是幼儿通过各种方式对自己进行自我评价，以帮助幼儿发展评价能力及自我认识概念。在"拉拉书"评价中，以幼儿为主体，通过表征问答、成长记录等模式，建立个体成长与集体发展的联结。

（一）"拉拉书"评价内容

在课程实施中，温一幼课程评价打破以往只以教师为主的评价方式，尝试向幼儿转身。实践中，我们基于幼儿自然创作理念，引导幼儿从兴趣出发，跟随课程的动态轨迹，以"5W"评价策略开展自主评价。

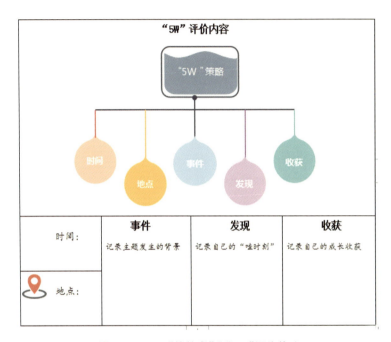

图3-0-2-2　"拉拉书"之"5W"评价策略

（二）"拉拉书"评价实施

基于幼儿年龄特点及能力水平，我们研发"拉拉书"自主评价三阶模式，分别是初始阶段、提升阶段、进阶阶段。

图3-0-2-3　"拉拉书"评价实施阶段图

1."拉拉书"评价——初创阶段

"拉拉书"评价实践初期,幼儿可以在成人的协助下,根据"5W"评价内容进行合作记录,可以采用"简单符号+口头解释"的形式进行开展。

案例1

戏剧主题"合家欢"初创阶段评价

在小班"合家欢"戏剧主题中,教师引导幼儿去调查、发现、记录自己在幼儿园与好朋友一起的时光,并用"拉拉书"记录下来。

时间:2022年1月。

地点:教室门口。

事件:我和好朋友一起玩皮球、唱歌。

发现:皮球有时候会滚走。

收获:好朋友每次都会帮我捡回皮球,我很开心。

幼儿评价实例:

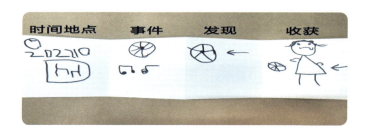

2."拉拉书"评价——提升阶段

随着"拉拉书"评价策略的不断优化与幼儿评价能力的提升,幼儿慢慢地从对单一角度或事件进行评价发展到对多个事件或一个事件中的多个方面进行评价,"拉拉书"中的符号记录也变得更具有逻辑性和形象性,从单一评价走向多方面的评价。

案例2

戏剧主题"拜访春天"初创阶段评价

在中班"拜访春天"戏剧主题中,教师为支持幼儿兴趣组织了园内的野餐活动。活动后,孩子们通过"拉拉书"的方式记录野餐活动中的发现与收获。

时间:2022年4月15日。

地点:幼儿园足球场。

事件:野餐、交换礼物。

发现：①薯片掉地上了弄得脏分分的；②有些小朋友带来交换的礼物我不太喜欢。

收获：①野餐需要准备垃圾袋来整理食物残渣；②我们可以找其他小朋友交换。

幼儿评价实例：

3. "拉拉书"评价——进阶阶段

在课程实施的后期，我们通过"拉拉书"幼儿自评、同伴互评等方式对课程进行回顾。在评价的过程中，幼儿往往会带着强烈的情绪色彩进行评价。为了让幼儿对同伴的"拉拉书"有正确的了解，我们在班级中创设"拉拉书"展示区、"拉拉书"互评区、"拉拉书"投票区等，让幼儿在同伴互评中萌发成长型思维，助推课程生长。

案例3

戏剧主题"走进小学"初创阶段评价

在大班"走进小学"戏剧主题中，幼儿通过观看视频积累对"小学生的一天"的认知经验后，开展了"我是小学生"的戏剧游戏。在体验活动过后，教师引导幼儿将自己对小学生活的发现与感受制作成"拉拉书"，并投放在阅读区中展示、互评。

时间：2022年4月28日。

地点：大三班教室。

事件：老师给我们观看小学生活的视频。

发现：①小学每个人都坐在自己的桌子前面学习；②小学有很多课本和作业；③小学一节课的时间很长。

收获：①我喜欢小学的图书馆；②我喜欢小学的大操场；③我担心做不完作业。

幼儿评价实例：

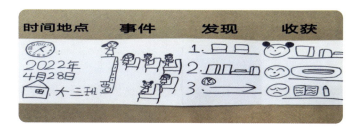

"拉拉书"自主评价是幼儿通过各种方式对自己进行自我评价,能够帮助幼儿发展评价能力及自我认识概念。在"拉拉书"评价中,以幼儿为主体,通过表征问答、成长记录等模式,建立个体成长与集体发展的联结。

三、"成长捕捉"——"故事式"评价

(一)研制"课程故事式"评价标准

"学习故事"是一种评价儿童的方法,也是一种研究方法,由新西兰学前教育学者卡尔提出。在课程实施前期,我们对课程中的评价活动通过微调研形成问题归因,主要表现在:教师缺乏观察意识以及有效的支持策略。针对教师实际存在的问题,课题组从"全戏剧"课程实施理念出发,制定了"会玩·会创·会聚"的"故事式"评价标准。

表3-0-2-6 "全戏剧"课程故事式评价标准

理念	心智倾向	三维评价指标		
		第一层次	第二层次	第三层次
会玩	感兴趣	对戏剧活动感兴趣	初步体会戏剧活动的快乐	有相关戏剧素养支持自己的兴趣
	在参与	愿意参与戏剧活动	能够参与难易程度不同的戏剧活动	有参与戏剧活动和保持专注的策略
	在坚持	遇到困难时能坚持	有坚持解决戏剧问题的决心	有解决戏剧问题的能力并达成目的
会创	能沟通	愿意用适当的方式与人沟通	敢于在戏剧活动中表达自己的想法	积极参与戏剧冲突的讨论,并大方而自信
	喜创作	产生主动创作戏剧的愿望	大胆运用各种技巧进行戏剧创作	理解创作中的情绪情感,实现戏剧再创作
	爱表演	尝试自由表演戏剧角色	初步了解和掌握戏剧表演技能	动作鲜明、台词清晰,能够让他人理解
会聚	乐合作	能够与其他角色协商	能够两人或多人进行戏剧合作	在戏剧活动中欣赏他人的想法和技能,倾听和考量他人的建议
	有责任	尝试承担责任	明确自己的角色,识别或承担责任	明确自己和同伴的角色,并坚持做好自己的戏剧工作
	善评价	萌发戏剧评价意识	客观评价并接纳他人评价	多元方式与多维途径的评价

(二)提炼"课程故事式"评价策略

经过多次研讨,我们形成了特有的课程故事式评价三步骤,即聚焦式观察、合作性解读、开放式支持三大策略,以幼儿的主动参与、个性创作为重点进行评价。

表 3-0-2-7　"故事式"评价三步骤要点及策略

"故事式"评价三步骤要点及策略		
类　型	实施要点	实施方法
聚焦式观察	1. 聚焦幼儿发展的多个领域 2. 聚焦幼儿发展的某些特定技能	1. 制定明确的观察计划 2. 一段时间内只观察一名儿童 3. 尝试使用不同的记录策略
合作性解读	1. 关注幼儿个性化的兴趣和需要 2. 看见幼儿的优点	1. 对标式解读 2. 小组内进行合作"一案多析" 3. 尝试从几个维度展开分析
开放式支持	1. 突出幼儿已有能力 2. 注重幼儿当下需要	1. 尝试利用开放式语言与视角与孩子对话 2. 提供具体可行的支持策略

　　基于"会玩·会创·会聚"故事式评价标准，我们通过聚焦式观察记录对幼儿进行解读，并根据幼儿的行为给予相应的支持。

表 3-0-2-8　"故事式"评价具体实施

课程故事"小手娃娃的'主动出击'"			
儿童：×××	时间：2017.12.2		观察者：项××老师
课程故事片段一			照片
你推门进入办公室，紧紧地贴在我身边。你向后退了退，皱着眉头不说话，我将你向前推了推。这时，姜老师将声音放大了些问："你好！你是谁呀？" 你小声地说了一句："我是小蜜蜂姐姐。" 介绍完自己，你没有说话。 姜老师注意到了你手上拿的邀请函便问道："这是什么呀？" 你低着头看着手里的邀请函轻声地说："邀请函。" 姜老师（伸手拿邀请函）："你要邀请我去干什么呀？" 你（眼睛看向我，紧紧地攥着）："去小一班表演绵羊面包师。" 姜老师："你们在哪里表演呀？几点钟呢？" 你（看着窗外）："三点钟，绵羊面包师。"			
我解读			我支持
会玩	1. 感兴趣 2. 爱思考 3. 会坚持	1. 你愿意参加邀请函的活动，并大胆地踏进姜老师的办公室，和姜老师进行简单的交流，表现得那么勇敢，老师真为你感到高兴！ 2. 在姜老师的主动问候下，你也会和姜老师有礼貌地打招呼，并清楚地告诉老师几点观看演出，表现得特别棒！ 3. 邀请函从你踏进办公室的时候便一直紧紧地握在你的手里，你一直记得自己的"小任务"，真有责任心！	生发集体教学活动"我会邀请"
会创	1. 能沟通 2. 喜创作 3. 敢表达		和你一起玩邀请小游戏
会聚	1. 乐合作 2. 有责任 3. 善评价		鼓励爸爸妈妈为你提供更多的"社交"机会

(三)形成"课程故事式"评价成果

课程故事评价,是一种教师们看得懂、儿童与家长听得懂的儿童在课程实践过程中的动态成长记录,是一种关注儿童成长过程的定性评价方式。实践中,我们形成了人人有故事、人人会讲故事的局面。

四、情境浸润:"剧场式"评价

"剧场式"评价就是通过让家长体验戏剧游戏、参与故事交流会、亲子共创班本剧的形式,让家长"沉浸式"感受孩子在戏剧课程中的发展变化,并能使用评价量表对幼儿在活动前后的发展变化做出评估。

(一)"数字量化"评价工具

根据幼儿在戏剧课程中能力的发展,我们从情感态度、社会性交往、语言表达、技能技巧等四个维度制定5分制量化表,家长可以在剧场式评价中,根据幼儿在主题活动前后的变化,根据自己的感受给幼儿选择相应的分值,分值越高表示程度越高。教师可以对分值前后做一个统计表,直观地统计家长眼中孩子的成长变化。

表3-0-2-9 "剧场式"量化评价

班级:　　　　　姓名:　　　　　活动主题:

内容		活动前					活动后				
情感态度	愿意积极地创想表演情节	1	2	3	4	5	1	2	3	4	5
	大胆表达、表现自己的想法	1	2	3	4	5	1	2	3	4	5
	能在活动过程中认真倾听	1	2	3	4	5	1	2	3	4	5
社会性交往	能友好地与同伴交往	1	2	3	4	5	1	2	3	4	5
	能服从小组的任务分工	1	2	3	4	5	1	2	3	4	5
	在合作中能提出自己的意见	1	2	3	4	5	1	2	3	4	5
	遇到困难会勇敢地去面对	1	2	3	4	5	1	2	3	4	5
	自信心的增强	1	2	3	4	5	1	2	3	4	5
	有一定的自我归因能力	1	2	3	4	5	1	2	3	4	5
	同伴交往能力的提高	1	2	3	4	5	1	2	3	4	5

续表

内容		活动前					活动后				
语言表达	能生动地表达	1	2	3	4	5	1	2	3	4	5
	在集体面前大胆表达自己的意见	1	2	3	4	5	1	2	3	4	5
技能技巧	有创意地用表情、肢体表现故事情节的技能技巧有所提高	1	2	3	4	5	1	2	3	4	5
	用图画、符号等形式进行自我表达	1	2	3	4	5	1	2	3	4	5

(二)"剧场式"评价模式类型

如何让家长更好地参与到课程评价体系中来,我们根据课程的发展与需求,在原有的家长评价模式上进行优化与完善,提出了玩转游戏剧场、共享故事交流会、创演班本剧表演三种不同类型的"剧场式"评价模式。

表3-0-2-10 "剧场式"评价模式实施概要

类 型	模式特点	实施方法
玩转游戏剧场	"沉浸式"课程体验活动	(1)每学期开展一次 (2)亲子共同参与 (3)肢体游戏、建构空间、声音模仿秀等游戏
共享故事交流会	"五权"家长共话课程	(1)交流会中以"一起讨论一个话题"为主线 (2)家长拥有决策权、话语权、讨论权、参与权、知情权 (3)与教师面对面沟通,共同评价自己对课程的认知与理解
创演班本剧表演	"线上+线下"多通道参与	(1)家长主动加入班本剧服装的设计、收集和制作 (2)家长与幼儿一起进入剧场,共同参与班本剧表演 (3)在参与体验的过程中转变理念,感受孩子的成长

1. 玩转戏剧游戏场

幼儿园每学期开展一次家长沉浸式"和戏"课程体验活动。首先邀请家长和孩子共同沉浸在戏剧游戏场,通过肢体游戏、建构空间、声音模仿秀等游戏,带领家长走进课程,感受戏剧游戏的魅力。

例如:在中班"拜访春天"主题中实施后期,邀请家长参与特色家长开放日活动,展示孩子们在课程中的学习成果。活动现场幼儿化身小老师,带着爸爸妈妈们一起玩"照镜子""肢体建构"等游戏,一起模仿绘本中小动物们的行动、搭建绘本中的春天景色,营造出浓浓的戏剧体验氛围,家长们能进一步了解到孩子们在"和戏"课程的体验与收获,对孩子进行全方位的评价。

图 3-0-2-4　共浸戏剧游戏场

2. 共享故事交流会

家长和教师用讲故事的方式展现幼儿在"和戏"课程中共同学习的痕迹和个性化的留痕。以交流会中"一起讨论一个话题"为主线,在课程中赋予家长五权:决策权、话语权、讨论权、参与权、知情权,并与教师面对面沟通,共同评价自己对课程的认知与理解。

例如:在"合家欢"主题成果分享中,教师邀请家长一同参与。家长通过亲身体验戏剧游戏,感受戏剧游戏给孩子带来的快乐。同时各班家长代表分享了自己参与主题活动"合家欢"的一些小故事、发现孩子成长的一些小片段。通过三方分享后,家长们在留言中纷纷表示,感受到了活动对孩子们成长的助推作用。

图 3-0-2-5　家长故事交流会

3. 创演班本剧表演

在班本剧的实施中,家长主动加入班本剧服装的设计、收集和制作中。最后,家长与幼儿一起进入剧场,共同参与班本剧表演,让体验者在场景化的沉浸体验模式中转变理念。家长们通过"线上+线下"的方式对幼儿在课程中的戏剧表现、教师在课程中的教育行为进行评价,实现了幼儿、家长、教师、课程、幼儿园的和美生长。

例如:在中班"动物乐园"这一主题中,教师从幼儿的兴趣点出发开展班本剧创演。家长们在班本剧创演前期,积极配合幼儿收集各种服装、道具材料,通过讨论、探索,家校共同参与班本剧创演的每一个环节,对幼儿萌生的无限创意设计充满惊喜。在班本剧萌芽的过程中,家长们还参与了戏剧游戏体验,大朋友和小朋友们通过现场分组,重组故事框架、分配小组角色,纷纷变身有样学样的小猴子。家长们通过"线上+线下"的沉浸式体验模式,进一步感受到幼儿园和戏课程的教学理念,给予幼儿多方的评价。和戏课程"立体式"评价模式的形成,带动和改变了幼儿园的评价现状,赋予了每个孩子学习和成长的力量,期待下一阶段的实践与探究带给我们更多的机会和可能性,用评价看见每一位孩子!

图 3-0-2-6　沉浸式亲子剧场

图 3-0-2-7　家长剧场式评价

参考文献

[1]张金梅.表达·创作·表演——幼儿园戏剧教育课程[M].南京:南京师范大学出版社.2014.

[2]张金梅.学前儿童戏剧教育[M].南京:南京师范大学出版社.2014.

[3]林玫君.儿童戏剧教育的理论与实务[M].上海:复旦大学出版社.2022.

[4]林玫君.儿童戏剧教育活动指导——童谣及故事的创意表现[M].上海:复旦大学出版社.2021.

[5]林玫君.儿童戏剧教育概论[M].上海:复旦大学出版社.2019.

[6]林玫君.儿童戏剧教育活动指导——肢体与声音口语的创意表现[M].上海:复旦大学出版社.2016.

[7][英]凯瑟琳·扎切斯特.戏剧游戏:儿童戏剧游戏[M].上海:上海文化出版社.2019.

[8]王添强.儿童戏剧魔法棒[M].乌鲁木齐:新疆青少年出版社.2016.

[9]陈世明.儿童戏剧的多元透视[M].上海:复旦大学出版社.2014.

[10]郑蕙苡.儿童戏剧与学前教育[M].杭州:浙江工商大学出版社.2012.